想 象 之 外 · 品 质 文 字

北京领读文化传媒有限责任公司 出品

MBA
轻松读 | 第二辑

商务文案写作

日本顾彼思商学院（GLOBIS）　[日]嶋田毅 —— 著

代芳芳 —— 译

ビジネス・ライティング

北京时代华文书局

图书在版编目（CIP）数据

商务文案写作 / 日本顾彼思商学院，（日）嶋田毅著；代芳芳译 . -- 北京 ：北京时代华文书局，2020.2
（MBA 轻松读 . 第二辑）
ISBN 978-7-5699-3513-4

Ⅰ . ①商… Ⅱ . ①日… ②嶋… ③代… Ⅲ . ①商务—应用文—写作 Ⅳ . ① F7

中国版本图书馆 CIP 数据核字（2020）第 009207 号

北京市版权著作权合同登记号　　字：01-2019-7637
Globis MBA Business Writing
supervised by Tsuyoshi Shimada, written by Educational Corporation of Globis University
Copyright © 2012 Educational Corporation of Globis University
Simplified Chinese translation copyright ©2020 by Beijing lingdu culture & media company
All rights reserved.
Original Japanese language edition published by Diamond, Inc.
Simplified Chinese translation rights arranged with Diamond, Inc.
through Hanhe International(HK).co,.Ltd.

MBA 轻松读：第二辑
MBA QINGSONG DU DIERJI

商务文案写作
SHANGWU WENAN XIEZUO

著　　者｜日本顾彼思商学院　[日]嶋田毅
译　　者｜代芳芳

出 版 人｜陈　涛
选题策划｜领读文化
责任编辑｜张彦翔
装帧设计｜刘　俊
责任印制｜刘　银

出版发行｜北京时代华文书局 http://www.bjsdsj.com.cn
　　　　　北京市东城区安定门外大街 136 号皇城国际大厦 A 座 8 楼
　　　　　邮编：100011　电话：010-64267955　64267677
印　　刷｜北京金特印刷有限责任公司　电话：010-68661003
　　　　　（如发现印装质量问题，请与印刷厂联系调换）
开　　本｜880mm×1230mm　1/32　印　张｜9.25　字　数｜213 千字
版　　次｜2020 年 8 月第 1 版　印　次｜2020 年 8 月第 1 次印刷
书　　号｜ISBN 978-7-5699-3513-4
定　　价｜62.00 元

版权所有，侵权必究

前 言

不仅是商务活动，商务写作具有的力量也非常强大。文章中句子的使用方法以及文中流露出的风格，很多情况下也能撼动人心，促使人们付诸行动。有时，很多人会从看了一眼的文章中找到成为人生格言般的只言片语，或是时而会想起的经验。

另外，文章也有恐怖的一面。比如，很多时候，当面聊天时让人感觉非常温柔的人，发送的邮件文章却让人感到是一个说话带刺的人。面谈通过态度和表情等可以进行非语言沟通，并且和具有双向性的广告策划案等不同，只用文章沟通时会有很多限制，所以往往难以书写。

而且，还有一个难点，对话中的语言会消失，但用邮件等记录下来的文章无论何时都可以当证据留下来。

在商务写作中，从开始就必然需要考虑到读者的感情，将有一定说服力的内容总结到简洁易懂的文章中。所以，我们需要具备能推测读者状况的想象力、逻辑性，选择简洁易懂又能打动对方的表述方式。

然而，很少会有商务人士敢断言自己有这种自信吧。

"经常有人说我的文章晦涩难懂。"

"不擅长写文章，尤其不会写长篇大论。"

"虽然也能写，但太耗费时间了。"

对于写作，大部分人都会有这种棘手的感觉。但是，在这个时代，我们无法对写作置之不理。各种媒体层出不穷，而且在追求高效的情况下，我们需要通过文章的力量来吸引他人的关注、打动很多人、让思想化为行动——这也是现代领导者应具备的能力之一。

不过，不擅长写作的人分为几种类型，本书的目的就是从中分辨出以下几种典型，并且提供相应的解决方案。

类型1：首先，原本就不知道要写什么、怎么写。

类型2：虽不会写错要表达的意思，但会写出一些毫不相关的内容，或者写得根本读不出文章的真实内容。

类型3：文章粗糙，可能会被误解，写作者以及其所属团队的智慧和品格可能会受到怀疑。

市面上多是关于类型1的书籍，但没有关于所有类型的书籍，这就是我开始写这本书的动机。

一、与同类书不同，本书的特点

那么，市面上有什么样的书写类书籍呢？我在这里大致分为以下4种。

（一）正面提出有条理的思考

笔者曾主编的《思考的技术，书写的技术》也是这一类型。这些书籍的表现形式暂且不提，内容基本都是立足于有说服力的逻辑结构之上，大多是咨询公司出身的人执笔所著，可以说是聚焦在书写能力、思考能力之上。另外，这类书大多会重视"理"而很少涉及"情"。

（二）"文章学习类书籍"系列

这类书大多是从作家的观点出发，讲述"美好日语文章"，题材基本上是文学类，未必能满足商务人士的需求。但是，多数作品会在修辞等"影响内心的文章表现方式"方面给予启示。

（三）"展示文章写作技巧"系列

这类书聚焦于真实地、正确地向读者传达信息，而非文章的优美。作者是具有各种背景的人，有商务人士、作家、记者、学者等等。

作为经典杰作的《理工科的作文技术》（木下是雄著），不仅理工科的人喜欢读，而且很多人都喜欢读。然而，此书作为优秀的指导书籍，讲述对象是较长的文章（报告等），而并未涉及近来商务人士经常写的邮件等，这也是难点所在。

（四）案例集、模板

例如介绍了婚丧嫁娶祭祀的文书例文，摘要的写作方法的例文等，这类书往往定位为辞典、指导手册。

这样看来，无论哪个领域都会有优秀的指导书籍，但如上所述，所有书都没有涉及"推测读者状况的想象力、逻辑性、选择简洁易懂又能打动对方的语言的能力"，而且，到目前为止，几乎没有让商务人士感受到应该具备"某种程度的智慧和品格"、代表组织接洽各种企业利害关系人的写作指导书。

案例集、模板的范围特殊，但即使排除这一类型，大多数的商务人士就算读过各种领域的书籍，若不加以整合，也写不出好的文章。

鉴于这些问题，本书总结出以上的要点，希望能帮助所有不擅于写作的人。

另外，以近年来商务环境的变化为基础，本书积极采用了邮件和博客等例文。本书采用这些的实用性是必然的，在一次性、结合现代商务环境这些点上也和同类书有差别。

那么，事先声明，本书重视现在商务文章的实践性、适用性，可能会出现不符合传统日语的内容。

二、本书的结构

序章中，首先重新讲述了"商务写作中好文章的条件"，另外强调了写出好文章也会提高思考力和对人的关注等，这也是本书的基本理念，希望大家一定要强烈地意识到这一点。

之后，对于写作，各章一一对应了认为自己不擅长以下方面的读者。

第1章、第2章：不知道怎么写、写什么。

第3章、第4章：阅读顺畅、无法达成目标。

第5章：写不出精练的文章。

第6章：无法高效率地写出长文章。

第7章：无法掌握推敲、改善文章这一过程。

第1章，关于怎么做才会有人读的技巧。即使出乎意料，也容易被遗忘，无论是多好的文章，没人阅读也毫无意义。本章将从读者和写作目的两点展开论述，分析如何让文章有人读。

第2章，从明确主张及其依据展开论述。这一部分将沿袭讲述有条理地思考、有条理地沟通的书籍中经常写到的大部分内容，但因为这是写出具有说服力文章的要点部分，所以本书重新进行论述。

第3章，涉及的主题是使文章中叙述的内容留存在对方的记忆中。有条理的内容并不会轻易留存在对方的记忆中，人类是"健忘的动物"，所以本章将讨论如何在读者头脑中留下强烈印象、怎样留存在记忆中、如何创造连接行动的契机。

第4章，讲解读者头脑中留下印象、促使读者付诸行动的文章结构和风格。

第5章，通俗易懂的文章。以繁忙的商务人士为对象的文章，如果晦涩难懂、容易招致误解是严重失职。但是，现实却是大多数人并不能做到这个"理所当然"，本章将介绍阅读轻松、体面精练的文章的写作技巧。这部分内容在读者众多、正式的商务写作中尤为重要。

第6章，讨论了撰写商务文章时应有的过程，以及在日常生活中需持有的思想准备，特别适合觉得"很难写出文章"的人阅读。

最后的第7章是实践篇。如何改善"绞尽脑汁写出来的文章"，或者在拿到一定的主题时写什么样的文章有效，本章将通过实际案例进行讨论。

整体看来，本书绝不是面向专业作家、擅长写作的人、记者等的书籍。我希望读到这本书的人一定是普通的商务人士。商务人士的写作能力提高，不仅具有提高工作效率这一直接的好处，还有以下诸多附加的好处。

- 提高推断对方现有状况的能力。
- 提高逻辑思考力。
- 拥有加深理解"人"的动机。

希望大家能以本书介绍的技巧和心理准备为基础，写出商务中的好文章。

最后，我想向在写作本书中给了我大力支持的人表达衷心的感谢。顾彼思出版部门的同事大岛一树，在例文的搜集等工作中给予我很大帮助。另外，本书中使用的例文和提供灵感的文章，有的来自公司外部人士，也有很多来自顾彼思内部。在这里，要感谢所有为我提供题材的人。钻石社编辑部的木山政行副主编、片桐嘉人氏，全程都给予了很多建议，我再次表示真诚的谢意。

有一个人甚至更多的人读到此书，并得到实际的参考，作为作者的我都将无上欣喜。

嶋田毅

目 录
CONTENTS

序 章

商务写作中好文章的条件

商务写作中的好文章应具备以下4点：抓住目的、理解读者、有人读、内容明确。

案例

大野健三是中坚广告代理商 Ultimate 公司创意部的部长。最近，公司正在讨论一项新的尝试，即由公司承担包括手机使用费在内的全部费用并把手机借给员工，突然在全公司展开还需慎重，所以先在创意部进行实验，开始出借手机。

员工们非常高兴，但大野担心会发生令人担忧的情况。虽然只是有限的预测，但可以预见手机私用的比例会很高。另外，据说有的员工会在上班期间用手机玩游戏等等。

在 Ultimate 公司，原本是一人分发一台电脑，但电脑屏幕大，如果做私事的话会非常醒目。而且，网络管理部门一旦有所察觉也容易调查，所以对于私用大多数人都能做到自律。另外，手机携带方便，要查明用来做什么也耗费时间，所以自律的作用也不明显。

在这种情况下，大野想发邮件警告员工，于是先写下了下面这篇草稿。

> 邮件例文一
> 件名：关于智能手机
>
> 各位：
> 前辈，公司决定承担智能手机的费用并把手机借给员工使用。这是为了在新的信息化时代中摸索新的工作方法，这一点不必多加说明。之所以要先在创意部试运行，是因为创意部最合适。但现实中，好像有很多人使用得非常多，而且听说有很多人在工作时间不恰当地用于工作之外的事情。我本人感到非常失望，遗憾至极。如果发现有人不恰当地使用智能手机，能否联系我？根据情况，我将采取一定的措施。

夜深了，大野决定第二天再把邮件发出去，当天就这样离开了办公室。第二天早上，他重新阅读并再次构思了这封邮件的草稿，"就这样发出去这封鼓励告密的邮件，可能会招致别人的反感，自己的人格也会受到怀疑。'采取一定的措施'，这样的话也有威胁的感觉。开头原本想写'前些天'，却错写成了'前辈^①'，真是不像话，'使用'原本要写'私用'……昨天没把邮件发出去，真是太好了，还得好好地改一改。是因为情绪太激动了吗？文章还有其他晦涩难懂的地方啊。"

---

① 前辈：日语读音中"前辈"和"先般"（汉译：近些天）相似，使用日语输入法时需要根据汉字读音输入，容易出错。下面的"使用"和"私用"同。——译者注

邮件例文二
件名：关于智能手机

各位：
前几天，公司决定承担智能手机费用并将手机借给员工使用。这是为了在新的信息化时代中摸索新的工作方法，这一点不必多加说明。之所以要先在创意部试运行，是因为考虑到只有创意部最需要新的工作方法。
但现实中，好像有很多人会将手机用于私事，而且听说有很多人在工作时间不恰当地将手机用于工作之外的事情。这样下去，将无法向其他部门展示成果，这个尝试也将被终止。
所以，我想和大家讨论的是如果手机要用于私事，希望能由个人承担费用。

　　大野想把邮件发出去的时候，还是觉得有不妥当的地方。想传达的信息和之前的邮件相比，这封邮件表达得更清晰。但是，现实中怎么才能区分出来私用和工作用呢？从创意部的工作性质来看，看上去像是在玩的事情，很多也和工作密不可分，如果逐一加以判断，明显会无端地增加管理成本。以此推断，员工可能会想"怎么也不能做这样的事吧"。大野又一次拧紧了眉头。

　　"自己到底要怎么写才好呢？"

解说

　　商务中，好文章的条件是什么？当然，虽然概括来说是"商务文章"，但还有小说结构的读物、书籍、报告、商务邮件、专栏、博客、社交媒体上的文章等等各种形式，在这里不再做特别解释。本章将在考虑到商务文书中占据重要地位的电子邮件、主页、博客文章、追求文章篇幅的商务报告（比如调查报告和提案文书）等的前提下展开讨论。

另外，想着没什么人会用笔在稿纸上竖着书写文字，基本上都是用文档和邮箱，或者以此为基础用软件制成电子文书。所以，本书中基本上都是以横着写的文章为前提条件。

而且，本书中有些地方会用"文章"这一表达方式，以及"文书"或者"句子"这类词汇。多数情况下，"文章"表示的是写下的内容和整个事件，"文书"表示的是书籍和邮件等作为"形"的完成，"句子"表示的是一个一个的句子（句号到句号之间），但并非100%机械地分开使用。我会根据行文脉络，使用更自然恰当的表达，敬请谅解。

下面，将按照图表序 -1中展示的好文章条件的顺序加以说明。

图表 序 -1 商务写作中的好文章具备的条件

抓住目的	理解读者
有人读	内容明确

抓住目的

写作的一个大前提就是必须抓住目的，这也是思考问题的基础。

所谓抓住目的是指，要把握住通过这篇文章想让读者采取什么行动、想给读者什么影响。

如果是刊登了新型宣传活动通知的电子邮件杂志，目的就是"想有效利用这次宣传活动"，并且希望读者能借此点开链接网站等，能立刻利用这次活动。如果是杂志和报纸上刊登的广告文稿，目的就是读者能阅读正文中的说明部分，能关心这个产品、服务。

如果是想表达自己思想的专栏和博客，目的大概是想读者能认真读到最后，能多多少少理解自己的思考方式吧。如果想通过这个方式来安排工作，就需要表达出符合"如果把工作交给这个人，应该会认真完成工作吧"这种期待的知识、思考方式、清晰的立场。

如果是邮件，绝对条件就是包含应该传达的正确内容、确切地向读者表达要传达的内容、保证工作顺利开展。

当然，世上也有个人以非公开形式发表的博客、日记等，但商务写作中的文章基本上都以促使他人采取行动、给他人带去影响为目的，可以说没有这种目的的文章极为稀少。也就是说，在商务写作中，在准确地抓住目的的基础上，能有效地发挥目的作用是绝对的必要条件。无论是多么优美的文章，只要脱离了目的、无法达到目的，就不能说是好文章。

经常有人认为写作这一行为本身就是目的，无论本来的目的是什么，只要完成"写出文章"这一行为便达到目的，这也是我们最应该避开的陷阱之一。

通过简单的例文来看一下。以下邮件的难点是什么？

件名：商谈

下午好。
我是 A 公司的佐藤。
通过 B 先生的介绍，特联系池田先生。
我司是面向经销行业的咨询公司，独立向会员发行电子邮件杂志。
其中，考虑到想在下次的专刊中刊登公司内部的市场活动，承蒙池田先生有意，便立刻联系了您。
我想当面拜访您一次，但您百忙之中恐有不便，如果能收到您的回复，将倍感荣幸。
请多多关照。

从这个例文中，我们能了解到佐藤想见一次面，但不知道见面的目的是什么，所以作为读者的池田会感到疑惑不解，是单纯想见面聊一聊，还是采访，又或者是想让其代笔。

想着想着，池田先生可能怀疑为什么要找我。池田大概会发邮件问一问吧，但不特意发送提问邮件也是面向外部相关人士的基本原则。

这次是熟人介绍，所以池田大概不会胡乱处理，但繁忙时、心情不好时，这封邮件本身可能会被无视、排到其他事情后面，甚至可能会被忘掉（这一点也关系到下面要说的"理解读者"）。

对于这个例文，如果像下面这样写，大概就能明确自己想说什么（希望对方做什么），也能抓住写作的目的了。

◉

件名：预约拜访

下午好，突然联系您，很是抱歉。
我是Ａ公司的佐藤。
通过Ｂ先生的介绍，特联系池田先生。

我司是面向经销行业的咨询公司，独立向会员发行电子邮件杂志"×××新闻"。这次，想请池田先生帮忙收集资料，特此联系。

之所以联系池田先生，是因为下次的"×××新闻"的主题是"公司内部营销"。对这一主题展开调查的时候，我了解到池田先生也就这一主题亲笔记录在"×××纸"上。在查询的若干记录中，我感到这是最简洁易懂、归纳精练的记录，造诣深刻、抓住了最前沿的信息，实在是难得。

正好，Ｂ先生的公司也在我们专栏中，碰巧Ｂ先生之前帮过这个电子邮件杂志，所以立刻给了我池田先生的联系方式。

因此，还请您在百忙之中，给出1小时左右的时间让我收集材料，汇总在我司的网站上，是否能请您帮忙编辑原稿？

如果能得到您的协助，等池田先生合适的时候，我想到您办公室拜访。虽知您处于百忙之中，可否在两三日内联系我什么时候合适。

突然联络，很是惶恐，请多多关照。

（按严密的标记规则，段落开头和换行后应该缩进，但邮件和博客的文书中，换行较多，不缩进的写法已被广泛普及。使用起头语的邮件和上述例文中都使用了这一形式。之后，邮件和博客等的例文中大多也会采用这一体裁。）

当然，即便如此也会有不明白的地方（比如：什么水平的读者群、过去的主题是什么、礼金有多少等），读者可能想问，却往往会在实际接触之后才问出来。因为不会有"到底是什么呢"的感觉，所以大概也不是什么大问题。

另外，如果刚开始就啰唆地写封冗长的邮件，相反也可能无法正确地向对方表达自己的意图，所以最初的邮件正文也是这样在平衡性上平淡无奇（当然，还有一个方法是在附件中添加详细资料）。让读者看到，礼貌而简洁地写出来，这种情况下已经有效地达成目的了。

在开篇的例文中，大野在写完邮件二后，也为如何达成目的而苦苦思索"为什么要发这封邮件"。加上"抓住目的"这一点，考虑到接下来要说明的"理解读者""有人读""内容充实"，本章的最后会写出改良后的邮件例文。

理解读者

在以抓住目的为大前提的基础上，还必须具备理解读者这一条件。因为不在意读者是谁、关心什么、什么时候读这篇文章，自然无法有效地达到目的。

比如，如果是以一般消费者为对象进行销售的产品说明，使用过于难懂的技术专业术语自然会难以表达出合适的内容，也难以促成销售。在这样的案例中，希望大家能尽量最小范围地使用技术性说明，从用户的角度写一写最终能带来什么便利、与其他公司的产品以及之前的产品有什么差别。

或者，读者非常忙碌，即便是几十页简洁易懂的报告，很可能也只会被原封不动地放在桌子上睡大觉。至少要花时间在第1页的开头写上摘要（总结全部内容的文书）等等。

详细情况会在本书后面写到，但现在想大家特别注意的是读者的感情状况。如果文章只是有条理、整齐有序，并不算能明确表达内容的好文章。能撼动人心的文章中有不少是晓之以理动之以情的，希望大家能以读者的感情状况为基础，写出能有效达到目的的文章。

本书的邮件例文一，就没有考虑到读者的感情，而是完全以自己为中心，邮件例文二中改善了这一点，但我想说的是这封邮件并没有完全理解作为读者的创意部员工所关心的事情，以及他们的感情。

有人读

虽容易被忘记，但文章并不是书写了优质内容就结束的。这篇文章更需要"有人读"，换一种说法就是"为什么而读文章"。

比如上司发来的邮件，自然不会有人无视它，所以不用特别考虑这样的要素。也就是说，仅仅因为是上司发来的邮件，便发挥了必须读的强制力而不得不读。来自顾客的邮件、工作中接到阅读指示的书籍等等也是如此。

但是，能具备这种强制力的商务文章却出乎意料地少。当然，近年来，很多商务人士应该读过不少没有这种强制力的文章，比如电子邮件杂志、博客、网页通知、社交媒体的信息。

对于刊登在这些媒体上的文章，读者原本并没有阅读的"义务"，特别是现在的信息量倍增，社会上文章泛滥。在这样的现状下，能让读者感兴趣就已经实属难得。可以说兴趣和在上面花费的时间、精力才是最大的稀缺资源，现代的商业场合中，这具有非常重要的意义。

再重申一次，大多数文章在书写的时候需要以"读者没有义务读这篇文章"为前提。

那么，"因为什么读文章"中的"什么"具体指什么？在这里，将以电子邮件杂志为例展开思考。虽然每个人都会收到邮件，但被选择"不读"却是大多文章的命运。

"有人读"的要点之一和书籍等一样，是写作者的知名度。如果写作者是著名的经营者、社会名流、平日里就为大家提供有用信息并具有高知名度的人，只这一个原因，电子邮件杂志就很可能会被打开并阅读。

但是，如果是尚未达到这一水平的普通人、企业的电子邮件杂志负责人，为了文章有人读就需要下一番功夫。比如，写一个"感觉有用"的标题，瞬间打动人心、让人感到意外的标题。为了引起读者的关心、兴趣，在文章的开头上悉心钻研也是要素之一。无论哪一个，都需要能让读者想读的引子。

广告文案界的大师约瑟夫·休格曼说"文稿第1行最大的目的是让人读第2行，第2行最大的目的是让人读第3行往下的内容"。我认为，电子邮件杂志等文章也应该运用这样的思考方式。

开篇的案例中，因为大野站在了部长的位子上，基本上所有的员工无论是否同意也都会阅读邮件吧。但是，也可以好好思考一下如何能让标题不太单调，如何让大家更认真地阅读邮件。

另外，本书在第1章，结合"抓住目的""理解读者"来解释了"有人读"这一要点。

内容充实

本书将从以下4点展开论述：

• 主张明确，更具说服力。
• 留下印象。
• 符合目的的结构、风格。
• 文章通俗易懂、读起来无压力。

一、主张明确，更具说服力

首先，重中之重是明确自己的主张是什么。如果是招募评论员的公告邮件，主张自然是"做评论员有一定的好处，所以请一定参加"，如果是网站主页上的人才招募公告，就变成了"我们需要这样的人才。如果有满足条件的人，加入我公司将会积累更好的经验，令人愉悦"。

博客等接近散文的文章，不一定会存在一个主要信息，但是，如果在最后也无法总结2~3个想要表达的要点，就失去了商务文书的资格。

不仅要主张明确，还需要具有说服力。比如，来自员工的"即使收费也可以，希望能在公司内部设立托儿所"无论有多么明确，如果支持这一主张的证据不够强大，就很可能不会得到公司的支持。比如，"大家高兴，请帮忙想办法提供场地"，这样说不可能打动公司。

重点是证据要基于事实，逻辑开展也要坚不可摧。比如，关于上面的新政策，"有紧急情况时可以照顾孩子等等，好处很多，具有充分实现这一政策的资源，成本核算上也没有问题。具有 PR 效果、能有效地聘用以及留住优秀女性员工。另一方面，基本没有坏处，预定成本也完全可以应对"，如果能表达出这样具有逻辑性、事实明确的证据，文章的说服力即读者的接受度会非常高。

接受度的高低也将影响付诸行动时的动力，所以这一点非常重要。俗话说，"人是追求解释的动物"，说服力弱的文章，无论主张多么明确，也不能轻易地提升动力。

另外，有的人会特意使用晦涩难懂的语言来彰显自己的聪慧，但是这样往往会削减主张的明确性和逻辑性。让主张和逻辑切实地成为聪慧的佐证，在此基础上的语言修辞等等要极力成为大家都能轻易读懂的内容，这才是该有的姿态。

本书的第2章里，涉及了能够增强主张逻辑性的工具——金字塔结构。金字塔结构不仅能明确主张、写出逻辑性强的文章，不知道写什么、怎么写的人在写一定字数的文章时，它也能发挥很大的作用。

二、留下印象

如上所述，这是一个信息爆炸的时代。不像会计学中的"先入先出法"，如果文章一开始没有给人留下深刻印象，也许会马上被新的信息替换，也许刚开始就不会留下任何记忆。

一般来说，如果读者原本就保持强烈的关注、有直接的利害关系，即使不这么绞尽脑汁，读者也很可能会留下记忆。比如，某家公司因为业绩不好，向员工发出了招募提前退休人员的邮件，即使不下功夫修饰，先不说会记得多详细，但大多数人应该都会留下深刻印象。

但是，如果这是新品介绍的营销邮件，不下一番功夫来给大家留下印象的话，就无法达成购买这一最终目标。至于怎么下功夫，可以加入强烈的"惊喜"，也可以加入容易记住的比喻等等，有各种方法，详细情况请参考第3章。越是读着通顺的文章，越需要下一番功夫。

和留下印象这一观点相关联的还有一点。

只有事实和正确的主张，人依然会不为所动，在理解和行动之间，还有一个重要的要素，就是需要"共鸣"。而且，让人感受到共鸣的很多时候不仅仅是文章内容本身，还是写文章的人。

换言之，最终驱使人付诸行动的不仅仅是"写了什么"，还有"什么人写的"。如果原本就是名人，不必多言，但如果不是名人，就需要悉心钻研，写出包含了自己风格和价值观的内容，让读者产生和行动相关联的同感。让读者有同感的点因人而异，但需要引导他们用丰富的想象力去一边想象着作者，一边感觉作者是什么人。

三、适合目的的结构、风格

首先是结构，比如明明急于知道最终的结论，却啰唆地写了很多前缀，商务写作中不会用这样的文章。在意识到上面论述的"留下印象"这一要点的同时，重要的是让文章在瞬间进入大脑、不妨碍读者的理解，而且留下和读者行动息息相关的印象。

所谓风格是指文章中的语调、语气、词语选择，这些左右着文章营造的氛围。风格有"命令的""积极的""智慧的""亲近的""严格的""事务性的""快乐的"等各种各样，但选择什么风格当然要看目的是什么。比如，呵斥属下时，一边要表达"不能做这种事"，一边要选择考虑到"让属下感到是为了他好才加以呵斥"，酝酿出有情谊的风格。

希望大家能意识到，在商务写作的所有文章中，都不要流露出威胁对方、贬低对方的消极感情（大部分情况下是愤怒的情绪）。也有人出于策略的考虑使用这种手法，但这是非常危险的做法。正因为是不见面的表达方法，所以这并不是感性的文章，而是要多加注意的理性文章。

即使是相同的内容，用不同的流程和风格来写，在人们记忆中留下的印象会差别巨大。希望大家能意识到"留存在人的记忆中、打动人的结构和风格"。

四、文章通俗易懂，读起来无压力

很多和写作相关的书籍都会大篇幅书写的就是这一部分。读者中很多都是忙碌的商务人士，晦涩难懂的文章、能理解出多个意思的文章是失败的。

如果是非公开的文章，即使乱七八糟，毕竟只在内部传播，并没什么问题。但是，公开程度高的文章，如果写成了晦涩难懂的文章、语法不通的怪文章，就会降低对整个团队评价，希望大家至少能在公开度高的文章中意识到文章的可读性。

那么，开篇的邮件例文一中，因为内容具有冲击性，可能会给读者留下印象，但其他地方全都不合格。标记和结构等晦涩难懂，风格也在感情上不令人喜欢。文章中的废话太多，比如"之所以先在创意部开始尝试，是因为觉着创意部比较适合"等，根本没说任何实质性的内容，令人严重质疑其核心是否妥当。

邮件例文二中，阅读的简易性得到很大改善，但内容的妥当性上似乎依然存在问题。

关于以上4个要点本书在第2章"主张明确、具有说服力"，第3章"留下印象"，第4章"适合目的的结构、风格"，第5章"文章通俗易懂，读起来无压力"加以说明。

五、邮件修改案例

最后，大野经过慎重思考修改了邮件，重要的是得到了提高业务生产率的结论。另外，考虑到近来的人事管理趋势，他认为相比使用"性恶说"，相反以"性善说"来表达会更有效果。在此基础上，最终发出的邮件如下。最终版本对比邮件例文一、邮件例文二都发生了很大变化。另外，通过使用"3自"这样的自造词，有意识地给读者留下深刻记忆，也强烈地考虑到了读者的感情，邮件风格完全不同。

希望大家能有意识地悉心钻研以上所述内容：抓住目的、理解读者、有人读、内容充实。

邮件例文三
件名：【重要】自由、自我责任、自律的"3自"业务落实

各位：

这几天，公司正在实行承担智能手机费用并将手机借给员工使用的政策。有传言说其中有人将手机私用，提议应该制定一些规章制度，但我并不打算完全禁止。

最终，提高大家的工作效率就是一切。大家的工作效率提高了，多多少少的私用也不是大问题。

我相信大家的良知，具有自由、自我责任、自律的"3自"精神，请自行判断并开展工作。大家是自由的情况下，成果也息息相关，请一定意识到这一点，努力提高工作效率。

另外，关于个人的手机使用费用，由我把握。我并不会直接对费用额度本身说什么，但如果额度异常，保险起见我可能会询问，请大家谨记。

在我们公司，人的智慧和动力就是一切。我相信大家的良知和可能性，一定努力成为其他部门的榜样。

　　从这个例子可以看出，要想写出好文章，不只是要通俗易懂这么简单。运用"正确的思考"这一批判性思维的同时，也不能停留在"理"的世界，还要通晓"情"的世界。这是商务经营者必备的素养。

　　希望大家以这些为基础，阅读本书时要意识到商务写作中更好的文章是什么、好文章的关键在哪里。

第

1

章

书写有人读的文章

要点

没人读的文章毫无意义。牢牢地把握住原本的目的、读者的情况和自己想做的事，并在此基础上，悉心钻研怎么让读者有阅读的欲望。

案例

海原咲子是 ABC 广告这样一家 PR（公共关系）公司的部长。早上，他刚到公司就看到桌子上放着属下山岗太郎交过来的报告，大大的便签上写着"前几天让我写的报告写完了，请阅览"。

山岗是前几个月跳槽到 ABC 广告的 20 多岁的年轻员工，之前在非专业的制造商研究所工作，但想积累新的经验，便下决心换了工作。虽是头脑灵活的人，但尚未习惯 PR 实务，给人感觉却是一位有上升空间的年轻人。

海原给山岗的课题是"社交网络对企业 PR 的影响"。海原在一定程度上也熟知这个课题，所以并不期待有什么新的收获，但还是交给山岗让他学习。

海原马上拿起这份报告，刚想开始读，却瞬间失去了阅读的欲望。

"什么？这是报告？突然冒出个标题，'现在企业中社交媒体的有效使用情况'？这一共多少页？嗯，所有字的大小都完全相同，根本看不懂啊。至少应该把标题的字放大一点，用数字标上编号，这样还能简洁易懂一点，可……我年龄也不小了，至少得用10.5号字体啊，但通篇都用了9号字……"

"怎么说，到了第5页总该写有效利用的情况了吧。接下来是'有趣的案例'？也看不出来列举了几家公司，至少该在开头的地方分条列出清单，也能更易读些……完全没考虑这是要给别人读的，这个样子，一共25页啊，实在不想读了。也不是什么着急的材料，下午有空的时候再看吧。"

就这样到了11点左右，山岗采集资料回来了，问海原部长：

"部长，看过报告了吗？不过，我写报告的时候，××报纸上刊登了××公司要强化社交媒体营销人员的报道，真是太巧了。请一定按照报告上写的建议那样，一步步挺进这个行业啊。"

"不好意思，还没看。这个提案写在了最后面？"

"嗯，还没看过吗？真是太可惜了。最后的'总结'里，我写了一些自己的建议，正好报纸上报道了和这个相关的话题，我想部长一定会为此感到高兴的。"

"山岗，你能有这样的嗅觉和感知我觉得很好。但是，作为商务报告，你这篇报告甚至都不能算零分，根本找不到一个可圈可点的地方。首先，你要记住，没人看的报告毫无意义。如果有想让人必须看到的建议，就应该先写到开篇的地方，或者，如果不使用非常醒目的'建议'标题，很可能会因为看不到而被埋没了。"

解 说

如序章中所写，没人读的文章毫无意义。文章，只有被人读才是从最初就具有意义的交流方式。那么，怎么做才能是真正地有人读？写文章时必须抓住图表1-1中的要点，并以此为基础。

本章将遵从这一流程，特别从最后的"怎么做"出发，按照为有人读而悉心钻研；了解读者；确认自己想做什么的顺序论述。另外，序章中也曾写到这一基础，以抓住原本目的这一批判性思维为基础就不多说了。

图表 1-1 为有人读而需要做的事

了解读者	确认自己想做什么	为有人读而悉心钻研

- 读者的人数和属性
- 已经知道什么、关心什么
- 感情和心理状况
- 有多少时间
- 什么时间、在哪里
  用什么媒介读
- 想让读者变成什么状态
  （想让读者采取什么行动）

- 在开头设置引人注目的设计
- 调整为能激发阅读欲望的体裁
- 考虑文章的软硬

抓住目的

为有人读而悉心钻研

写作也需要写作者付出努力，努力不能白费，为了让预想的读者认真阅读，就需要采用相应的"设置"。这里采用三种这样的设置，"设置引人注目的开头""调整为能激发阅读欲望的体裁""考虑文章的软硬"。

一、设置引人注目的开头

在信息爆炸的现代，现实就是除了必须阅读的业务邮件之外还会漏读很多文章。或者像例文中一样，即使是必须要读的文章，也可能会排到其他案件后面，假如读了也可能只是敷衍式的阅读。

这种情况下，为了让读者认真阅读文章，就必须注意几个要点、抓住读者的眼球。特别重要的是"标题""目录 / 标题"以及开头的"序文 / 第1段"三点（如图表1-2）。

希望大家能意识到标题和序文等是左右读者期待值的要素，起到了常说的锚（限制人们思考范围的"锚"）的作用。也就是说，人被锁定的同时也在阅读文章，如果内容和标题等的关联度高，符合营造出的期待值，读者的满意度就会提高。

图表 1-2 有人读的文章中重要的地方

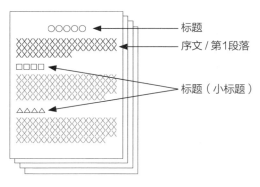

注：根据文书的长度，可在开头加上适当的目录。

相反，即使标题和序文魅力十足，整体内容没有跟上，只会让读者感到不满，重要的是反映内容的同时也要深深地感染读者。

（一）标题

最重要的可能就是标题了。实际上，对于电子邮件杂志等等，应该很多人都是只看标题来决定是读还是不读吧。

所以，首先要了解预想的读者关注什么，在此基础上还需要设定一个能激发读者阅读欲望的标题。

▎"召开研讨会的通知"

这样的题目，大部分人都不会有兴趣打开。如果是关于研讨会的通知，就需要让读者明确地认识到这个研讨会有什么作用，或者和其他研讨会有什么差别。比如，如果像下面这样写，大概会有很多人关注了吧。

> "×××原首相是贵客！召开×××研讨会的通知"
> "×××已经陈旧。先于时代2步的新潮流是什么？召开×××研讨会的通知"
> "全美国××%的总经理听过的传说中的研讨会 召开×××研讨会的通知"
> "成功者要学习的3大成功秘诀 召开×××研讨会的通知"

另外不必多说的是，夸大的广告、和内容没有关联的标题无论是信用方面还是满足顾客方面都会产生长远的负面影响，所以应该避开这一点。

因此，像上面例子中的后两个那样，内容要和下一个标题相通，而且一般来说，标题中加入数字更容易引起人们的关注，数字具有吸引人注目的魔力。

上面提到广告文案界的大师约瑟夫·休格曼的名言，"第1行的最大目的是让读者读第2行"。上司发来必读的工作邮件以外的文章标题也是如此，标题之所以存在就是为了这篇文章有人读。

（二）目录／小标题

目录和小标题的作用就是给读者以视觉冲击，让他们注意到文章的内容和结构。看到这个，如果读者觉着"有趣"，便会产生通读整篇文章的欲望。基本来说，因为文章内容和标题所述内容相同，读者才有阅读的欲望，商务报告等越是长篇的文书，这一点的重要性越强。

如果是以下的例子（假如是向日本人解释美国诉讼的商业报告），后面的写法是不是更容易引起读者的阅读欲望呢？

❎

律师的选择方法

1. 律师的工作
2. 陪审员的作用
3. 法律的解释
4. 和委托人的关系

律师的选择改变公司的命运

1. 正确认知法律的律师 = 不是优秀的律师
2. 陪审员不站在我方的话就无法取胜
3. 善于解释法律的一方获胜
4. 雇佣为我们考虑而拥有认真工作态度的律师

关键是不能冷冰冰地罗列出最低限度的单词，而是要写出能引起读者兴趣的句子。为达到这一目的要采取如下技巧：

- 出其不意（例如使用让人感觉和一般常识相反的句子）。
- 易引发读者想象。
- 让读者了解具体的理由和方法。

如上举例，"正确认知法律的律师 = 不是优秀的律师"这样的标题和大多数人的常识相反。读者有意外感的同时，难道不会对"那么，什么样的律师才是好律师呢"感兴趣吗？

"陪审员不站在我方的话就无法取胜"，如果记着辛普森杀妻案、看过电影《12个愤怒的男人》，会特别容易产生想象。

第3章、第4章中也会论述"意外性"和"想象"等，重要的是不仅仅让读者读文章，还要让书中所写内容留在记忆中，让读者付诸实际行动。

"善于解释法律的一方获胜""雇佣为我们考虑而拥有认真工作态度的律师"才是让读者想阅读具体理由和方法的目录。

比如案例中的山岗，如果能在报告的开篇处写上如下的目录，海原想读下去的心情应该也会发生重大变化（当然，除此之外，很多地方也应该改善体裁的问题）。

腾飞中的社交媒体营销时代的战略
1. 市场概况：越来越重要的社交媒体营销
2. 关键词法："连接""援助""共鸣""扑通扑通"
3. 海外先进企业的成功案例：尤尼莱佛公司、哈雷·戴维森
4. 以我司的强势为基础的提案：×××行业的攻略

（三）内容提要／第1段

按照文书性质，添加内容提要（进入正文之前的介绍文），或者直接进入正文，两者虽有不同，但无论哪一个，在读文章的过程中，和标题、目录、小标题一样重要的就是内容提要。作为有效的文书案例，内容提要有稍长的商务报告、电子邮件杂志、专栏、杂志、报纸上刊登的广告等等。

内容提要和第1段落、标题论述的内容大致相同，以唤起吸引注意的兴趣、让读者继续阅读后续内容为主要目的。比如，下面是关于"免费增值服务"商务模式的报告的开篇部分。不仅仅具有冲击力，大多数人都会在不知不觉间想阅读后续内容。

提高收益的"免费增值服务"魔法

果然是"再没有比白给的东西更贵了"……

"免费"——多么响亮的好词。免费游戏和免费视听等等,到处充斥着各种"免费"。但是,不难想象,在商业中无论哪里、无论是谁都会承担成本,这也不必惊讶。应该惊讶的是被称为"免费增值服务"的商务模式中,虽是倡导免费,但还是有几家企业的销售利润高达50%以上。

这样超出常识的利润率到底为什么会从"免费"中得来呢?我们来看一下其中的奥妙吧。

• 免费增值服务是什么
所谓免费增值服务是指免费"FREE"和增值服务费"PREMIUM"相结合的新词,美国的最佳创投人榜单、Fred Wilson最先使用的……(以下略)

二、调整为能激发阅读欲望的体裁

这一点非常重要,为了让人一眼看上去就觉得通俗易懂,如果不适当地活用换行、字缩进、分条书写等"结构"以使文章简洁易懂,就容易引起读者"眼睛的排斥反应"。最近的商务文书等,很多人也考虑到了这一点。这也是我希望大家使用的方法。

另一方面,使用说明书和规定条款等,很少有人会考虑到这一点,在打开页面的瞬间,"满眼黑乎乎""文字过于细小"等等都会引起读者眼睛的排斥反应,削弱阅读欲望,案例中的山岗所写的报告体裁也属于这一类。

还好，使用说明书因为要考虑到所有的用户、所有的场景，具有不得不为的意思。但规定条款等原本就是应该认真阅读的内容却这样写，难道是为了削弱读者的阅读欲望吗？这种情况非常常见（现实中，不认真阅读能行吗），希望负责人一定悉心研究。

下面是广告公司的员工向准客户发送的邮件的开篇，最初的文章一看就过于密集、阅读困难。因为比较短，问题并不严重，但以这个节奏没有任何空隙地写1000字，只要不是必须阅读的人，很可能会翻过不读。

⊠

据调查结果贵公司的 A 品牌需要的是让人增加纯粹的回忆。纯粹的回忆是指得到产品范畴等线索时能想起特定的品牌状态，比如"说到绿茶想起来的是什么品牌"，只要看到绿茶这一产品，就能想起特定的品牌名。品牌再现又称为非援助回忆，回答者中又将纯粹回忆的比例称为纯粹回忆率、非援助回忆率、再现知名率。另外，将某品牌名当成线索给到对方时，能够确认对这一品牌的认知又称为援助回忆，像"知道 ×× 品牌吗"，关于被提示的品牌，处于能够确认已知的状态。也被称为品牌再认，回答者中又将援助回忆的比例称为援助回忆率或者认知率、再认知率。一般来说，相比援助回忆，纯粹回忆的记忆程度更强，有纯粹回忆的人在购买的时候更容易选择这一品牌，但对于贵公司 A 品牌，相比援助回忆率提高纯粹回忆率更重要。（325字）

通常，专业术语等高难度用语越多越会引起读者眼睛的排斥反应，要尽量想办法把不必要的地方换成通俗易懂的词汇，同时使用看上去更舒服的体裁。另外，考虑到文章的目的，如果能坚决地删掉不必要的条款，反而会令读者感到亲切。

◎

据调查结果，对于贵公司的 A 品牌，需要的是提高纯粹回忆率。纯粹回忆率是指看到产品范畴等线索时令人想起特定品牌。回答者中纯粹回忆比例就是纯粹回忆率。

对此，将某品牌名作为线索给到对方时，确实知道这一品牌的时候，称为援助回忆。回答者中的援助回忆比例称为援助回忆率。

一般来说，相比援助回忆，纯粹回忆的记忆程度更强，另外，纯粹回忆在购买时更容易发挥作用。贵公司 A 品牌，援助回忆率已经达到充足的水准，提高纯粹回忆率更为重要。（200字）

另外，对于不了解市场营销详情的读者来说，加入适当的案例等也非常好。

◎

据调查结果，对于贵公司的 A 品牌，需要的是提高纯粹回忆率。纯粹回忆率是指看到产品范畴等线索时令人想起特定品牌。

比如，面对"说到绿茶，会想起哪个品牌呢"这样的问题，"o-i 茶"或者"伊右卫门"等，说出或者写出这些特定的品牌名。回答者中纯粹回忆比例就是纯粹回忆率。

对此，将某品牌名作为线索给到对方时，确实知道这一品牌的时候，称为援助回忆。比如，面对"知道'o-i 茶'这个品牌吗"这样的问题，知道的人会明确地做出回答。回答者中的援助回忆比例称为援助回忆率。

一般来说，相比援助回忆，纯粹回忆的记忆程度更强，另外，纯粹回忆在购买时更容易发挥作用。贵公司 A 品牌，援助回忆率已经达到充足的水准，提高纯粹回忆率更为重要。（292字）

后面的修改文和最初的文章字数大致相同，但阅读难易度、内容的易懂性上却更胜一筹。如果使用同样数量的文字，去掉附加价值低的条款，使用能让文章更加简洁易懂的词汇更好。

再看另一个例子。有些酒店的隐私权策略文章，会使读者瞬间丧失阅读欲望，比如下面例子的前者。这篇文章是500多字的短小文章，但现实的隐私权策略文章，一不小心就会写到上千字。为了简洁易懂而写还是毫不在意地写，二者差别极大。

❌

本店认识到个人信息保护的重要性，遵守法律、严加注意，我们认为保护客人的个人信息是社会责任。让客人安心并且安全地住宿、确定隐私权利保护策略，严格遵守、严肃对待。本店从客人手里得到的个人信息包括客人的名字、工作地、联系方式（电话、邮箱等，通过电子邮件预约时的住所）。

本店从客人手里得到个人信息的情况，本店网站、电话、电子邮件等咨询中获得个人信息的情况，通过交换名片获得个人信息的情况，除去以上三种情况，还需要提前说明利用这些个人信息的目的（以下称"使用目的"）。本店将客人提供的个人信息仅仅用于用电话、电子邮件预约、入住时的客户登录、发送邮件、活动、宣传活动的通知、和客人之间的联系。以提高对客人的服务水平为目的，此目的之外使用信息时，需要提前明确使用目的。

在客人同意的情况下，根据法律等，除去有关机构要求公开的情况，客人提供的个人信息也不能向任何第三方公开。但是，本店有时会在业务需要的范围内向业务委托地等公开客人的个人信息。

关于客人的个人信息管理，本店确定了管理责任者、采取适当管理。我们将尽最大努力防止个人信息泄漏。客人的个人信息获得、范围、利用目的等发生变化时，我们会在网站上公示、通知最新信息。

◉

本酒店认识到保护个人信息的重要性，会遵守法律且严加注意。我们认为保护客人的个人信息是社会责任，以这种思考为基础，为了使客人住得安心并安全，本酒店制定了如下的隐私保护策略，据此严格执行。

1. 获取个人信息

在客人提供个人信息的情况下，本酒店会重新明示个人信息的使用目的。但是，以下情况不会明示使用目的，敬请理解。

- 本酒店的网站、电话、电子邮件等的咨询中获得的个人信息。
- 通过交换名片获得个人信息的情况。

2. 个人信息的范围

本酒店中客人提供的个人信息有客人的名字、工作地、联系方式（电话、邮箱等。用电子邮件预约时的住址）。

3. 个人信息的使用目的

本酒店将客人提供的个人信息用于以下目的。不会用于除此以外的目的。

- 电话及电子邮件的预约、登录时客人登记。
- 发送邮件、活动、宣传活动的通知等。
- 和客人的联系。

另外，以提高对客人的服务水平为目的，有时也采取和信息相关的调查问卷等手法，这种情况下，会重新明确使用目的，严密保护所获得的信息。

4. 向第三者公开个人信息

客人提供的个人信息，除了以下的任一情况，不会向第三方公开。

- 客人同意的情况。
- 根据法律，有关机构要求公开信息的情况。有关机构是指警察等。

5. 共同使用个人数据

当业务委托时，本酒店会在必要的范围内公开客人的个人信息。

比如，向委托送外卖的公司公开客人的名字，向委托寄送客人的丢失物品、送交物品等的公司公开客人的名字和收件地址。

6. 关于个人信息的安全管理

在管理客人的个人信息时，本酒店将设定管理责任者进行适当的管理。我们将尽最大努力防止个人信息泄漏。

7. 本策略变更时

客人个人信息的获取、范围、使用目的等发生变化时，会在网站上公示、发送最新通知。

现实问题是，这种文章大多是在客人看不到的情况下编写的，基本上无人阅读，但也分情况。我们要意识到其中会有人认真地阅读，我们应该以此为基础，尽量写得简洁易懂。

这是因为这样的意识会影响个人和组织的"传达力"以及以此为基础的"想适当传达的心思"。今后，还请慢慢体会有这种意识的个人和组织与没有这种意识的个人和组织的差别。

三、考虑文章的软硬

第4章叙述了和文章风格相关的内容，我们需要考虑到不能让文章过于僵硬。专业术语（通常是汉字和假名）多的文章，在不过分的范围内适当穿插平假名的同时，可以使用日本固有的词语。

对普通读者来说难以理解的专业术语，第一次出现时要加以说明，这也是普遍而有效的做法。

而且，日语中的新造词可以说是易于理解的词。特别是汉字，只要排列出来就会形成一定程度的新语言，也容易组成句子。"无论哪个例子，看汉字就能明白意思"这是作为表意文字的汉字的优点，但总感觉看不懂，给人僵硬的印象。假如把下面的例子作为邮件标题：

広域通信制生涯学習講座開講通知作成依頼
（区域通信制终身学习讲座召开通知的写作委托）

相比这种写法，适当使用平假名：

広域通信制生涯学習講座の開講をお知らせする文章を作っておいてください
（请帮忙写区域通信制终身学习讲座的召开通知）

大多数的商务人士，往往会用僵硬的汉字来书写本就简单的内容。比如："必须选择"，却特意写成"选择的必要性大""被要求选择的意思决定"等。"×××性""×××化""×××的"等新造词都很容易被误用，请多加注意。

了解读者

之前，从为了有人读而悉心钻研的例子展开论述，但为了达到效果，第一步必须做的就是在目的的基础上理解读者。

一般来说，我们很难强迫对方阅读一定量的文章。大多数的电子邮件杂志、公司内部的群发邮件等往往都不会有人阅读。

为了避免这种情况，尽量让更多人认真阅读，首先要认真地了解读者是什么人，同时需要适当地认识到想让他们变为什么状态。

当然，不可能让100%的人都阅读，但只要能认识到这一点，也能提高阅读文章的人所占的比例。因此，首先来简单看一下图表1-3中展示的内容。

图表 1-3 理解读者

人数和属性	已经知道的是什么 关注什么
感情和心理状态	有多少时间
什么时候在什么地方读 用什么媒体读	想读者变成什么状态

一、读者的人数和属性

"读者的人数"这一要素出乎意料地重要。能确定人物、了解人数，就能轻易地推测出他们关注的内容和现下状况，所以了解清楚后面论述的要点，写文章时就可以与此相结合。

难的是网页上的通知、报告等，有几千以上的人作为读者。这种情况下，不可能完全掌握每一个人关注的内容和技巧。那么，这种情况下要怎么抓住读者呢？从答案来看，预想好读者的最大公约数（年龄、性别、关心什么等），写出来能向这些人传达的内容、留下印象的文章，大多数都会产生实际的效果。

可能会有人怀疑"这样一来，岂不是变成了预想读者之外的人毫不关心的文章"。这个问题也合乎情理，但事实上忽略那些不是我们目标的读者也是理所应当的。然而，相比预想读者不会关注的文章，明确读者群体、引起关注、产生共鸣的文章更会成为内容丰富的文章，预想的读者们自不必说，很多时候也会给预想之外的读者带来一定的冲击。

比如，"换工作"相关的报告，写的时候头脑中就应该浮现出30~40岁、关心经验的商务人士。如果能认真推敲文章，这一文章也会在一定程度上引起不考虑换工作的人的共鸣。

二、已经知道什么 / 关心什么

人往往会用很长篇幅来写自己感兴趣的内容和自己想写的内容。比如，报告的写作者用大量篇幅书写的不是从调查中所得的启示，而是自己费尽千辛万苦收集信息、定量分析的事情。

如果是个人写的和商务无关的私人博客，这样也无妨。但是，商业是"使人有所行动，刚开始就具有价值"的世界。读者具有什么知识、关心什么，虽不能说100%正确地把握这一内容，但希望大家能根据业务所需加以掌握。

比如，为了提高现有顾客的服务而发出听证会委托书，应该能通过公司内部的大数据掌握大致的顾客层（年龄、性别、所属企业、所属部门等），所以写文章就要以此为前提。根据不同情况，需要以这一属性为基础，从开始就筛选出发送文章的对象并稍加改动。

当然，如上所述，读者数量大的网页文章、电子邮件杂志等，读者越多，正确理解其关注的内容和知识越难。即便如此，明确地想象出"希望其付诸行动的目标读者"，了解他们的关注内容不可或缺。比如，想在网站上介绍本公司的软件产品，就要假设作为读者的用户具有的知识和关注内容，希望大家能结合这一假设来书写文章。

（一）验证假设

那么，怎么验证这一假设呢？有很多种方法可用。调查问卷是一种方法，如果身边有可以亲近的，也就是说能直接询问的、对验证假设能起作用的、一定数量的预想读者，可以提前直接向他们咨询。

如果是网页上关于聘用应届毕业生的页面，可以询问今年进公司的新员工、自己认识的大学生等，"想要得到什么信息""会花多长时间阅读""有哪些认为不错的其他公司的网站"，可以通过这样的问题收集信息。

不做出假设，单凭自己的想象行事有时候会很危险，所以希望大家一定要进行一定程度的假设验证。

（二）和读者的知识、认识水平相匹配

如果想所有读者都具有同程度的背景和知识、所有人都能切实地采取行动，就必须写出包括标题在内，确实能促使行动的文章。比如，群发的文章，在标题写上【重要：需要行动】等，收件人从开头就强烈地意识到希望其采取行动（从发件人角度，如果把该邮件设定为"重要"，会更加引人注目），也可以使其重新想起共有的背景和经过。具体如以下的文章：

标题：【重要：Ａ先生演讲会的调查填写】

辛苦了，我是Ｂ。
要拜托出席9/7（星期三）Ａ先生的演讲会的所有人。

■■ 9/15（星期四）之前请务必填写调查问卷 ■■

正如当天所说，这次的调查问卷Ａ先生会亲自过目，会作为今后改善的参考。Ａ先生说想听到参加演讲会的所有人的心声，所以希望能100%地收回问卷。现在，已经收回了50%，所以拜托未提交问卷的各位，请填写以下问卷网站的内容。（网址）

只用3分钟就能完成这一简单的问卷，所以拜托各位了。

另一方面，不能完全掌握不特定的多数读者所关注的内容和知识时，根据目的书写，需要按前几页所述内容悉心研究。不需要直接采取行动、想把写作者的见地慢慢介绍给读者的专栏等，写自己想写的内容即可。

比如，笔者定期或不定期在自己公司线上、杂志上发表专栏，但现在是以"读者对商学院感兴趣、其中8成的人能明确理解专栏的内容，让其中一定比例的人真的上学、听讲"为目的来写文章。所以，要一边看实际的阅览页数、读者的反应，一边讨论更能引起他们关注的主题、修改文章标题。

三、感情和心理状态

人是感情动物，在有损感情的状态下，即使文章表达的内容通俗易懂、会被理解，但很多都不能达到引起共鸣、付诸行动的目的。

比如，企业发生引人关注的大事、不吉利的事（特别是在有人死亡的事件中），企业利害关系人对企业产生不快感和疑心的状况下，如果采用和平时相同的风格，网页和平时没有变化、继续愉快的画风、关于事件在首页上也没有只言片语，企业的品牌形象也一定受损。

如果是这种情况，首先应该清除感情上的障碍，在首页明确地表达歉意，同时需要认真地写出自己应该采取的行动以及希望对方采取的行动。就像如果是家电故障，要用大字清楚地写明可能引发火灾所以请绝对不要使用。

更进一步来说，这样的情况下不是仅仅通过文章来沟通，而是希望大家能通过大众传媒，将自己好的一面展示出来，结合危机的情况认真进行人际交往。

大部分人都有不可触摸的逆鳞。在重要的商谈邮件中，应该尽量避免这种逆鳞，希望大家能提前收集信息。比如，从了解这个人的公司内部人士中收集信息等。

据前外务省分析官、作家佐藤优说，已故的俄罗斯总统叶利钦只要听到、看到戈尔巴乔夫的名字心情就会变得非常差，无论什么话都不想听。这可能是极端例子，但文章的最终目的是要打动他人，就必须要有共鸣这一步。希望大家能努力地避开这种逆鳞。

四、有多少时间

并不是任何人都能在任何时间慢慢读文章。一般来说，在公司的职位越高，决策的事情越多，也会越忙，便没有时间慢慢看文件。开篇的例子中，山岗的文书就没有考虑到这一点。

如果对方是社长或者接近这个职位的人，刚开始就要加上1页的内容概要，上面要写上文章的内容总结，特别是想让对方做什么（例如认可投资和费用、承认事业规划），在一定程度上这已经是常识了。在此基础上，希望大家写出真正想让人阅读的、结构紧凑并且通俗易懂的文章。

难的是给公司外部人士写邮件。如果是公司内部，即使部门不同，在一定程度上还可以推测是否很忙，但公司外部的读者是很难掌握的。省事的方法就是通过打电话等方式直接确认一下忙碌程度再发送邮件。事情越重要，花一点时间做这件事就越聪明。

本书是商业写作的书籍，但仅仅局限于写作的话，并不能达到想要的结果。希望大家能重新确认最终的目的是什么。

五、在什么地方读 / 在什么媒体上阅读

最近，还必须考虑读者在什么时间、什么地方，用什么媒体、什么设备阅读。

如果直接交给对方纸质印刷物和复印件，阅读方法基本上不会发生戏剧性变化，需要注意的是用电子媒介阅读的情况，特别是近来大多数会在智能手机和个人电脑等画面小的设备上阅读文件。根据情况来判断应该用多少时间检查，但希望大家能注意，添加过于细小的图表会令文字过小，显得内容不够重要。

六、希望读者阅读后是什么状态（希望读者采取什么行动）

这一点也可以称为写作的目的。社会上有些文章就像"辞职信"这

样，只要一定程度地满足形式上的必要条件就可以，但一般来说，大部分文章的目的都是让读者能从"阅读前的状态"变成"阅读后的新状态"。

比如，本书也是文章的一种，其目的是通过阅读本书能提高写作技术，能写出更合适的商务文书，说得再详细点，首先能提高写好文章的意识，在某些机会下将本书作为参考书来使用。

要达到文章目的可能会遇到各种障碍，但这里以商务中最重要的"引起对方行动"这一点为基础，以图表1-4中的步骤来克服障碍。

图表 1-4 促使行动之前的流程

初始	第1阶段	第2阶段	第3阶段	第4阶段
首先带着兴趣浏览	正确理解	产生共鸣	付诸行动	将周围的人带进来

从这一过程中可知，读者的关注内容、知识、心理状态具有重大意义。如果已经具有关于内容的充分知识、产生了高度的共鸣，有效的文章就是能促使其付诸具体行动的文章。相反，如果现阶段什么都不知道，通常会很难让其一下子飞跃到付诸行动的阶段，所以可能必须从背景的详细说明开始。

来看一下符合情况的文章案例。

（一）很多人不了解状况

件名：【重要准备】召开学习会和第1次学习会的准备

辛苦了，我是 A。

上次开会时，特别是很多年轻成员都呼吁"每月召开一次读书会和学习会"。
运营委员会接受这一建议，决定2个月指定一次书籍、召开学习会，希望能符合参
加者的意愿并且提升知识。

话出突然，下次会议也是第1次学习会。课题图书是"×××商业的新潮流"。

（购书网址）

虽是面向初学者的，但也是关于最新 ××× 商业世界潮流的好书。

顺便说一下，大家读过以上书籍后，要真正地读懂并按以下几点总结成文，保存
到共享文件夹"×××"中，为了能瞬间明白是谁的文件，请写上名字。整体内
容需 A4纸2~3张。

1）整体的感想和留下印象的要点。
2）本公司可以参考的地方、方法等。
3）疑问点和不理解的地方等。

多少会为大家增加一些负担，但认真准备会提高大家的技能并发挥重大作用。为
了使学习会具有实际的价值，拜托各位认真准备。

如有疑问，请联系本人。

（二）读者基本上都已经共有了一定的信息

件名：关于下一次的学习会

辛苦了，我是 A。

在上次的会议中，我们决定今后每隔一个月召开一次学习会。话出突然，下一期的课题图书是"×××商业的新潮流"。

（购书网址）

请各位自己做好准备。

专栏：在广告词中学

本文中写到很难让毫不知情的读者一步飞跃到付诸行动的阶段，但在广告词中却有效地实现了这一点。

优秀的广告词中有很多需要我们学习的地方，这里就介绍一个这样的案例。这是为了销售某本书籍而写的广告词，选自收集了有效广告词的《文案圣经》（克劳德·霍普金斯著）。

"右侧被追击，左侧也被追击，所以从现在开始攻击中心的残余部队。"（福煦之言）这是马恩河会战中在决定的瞬间，福煦元帅向霞飞元帅发送的简洁报告。听到士兵在3天连续的战斗中已疲惫不堪，福煦恼羞成怒。"疲惫不堪？德军也一样。进攻！"于是便真展开了英勇的进攻。福煦将处于疲惫困顿的所有将士、预备兵全部集中起来，在敌人认为他们已经败走的一瞬间，以出于必死之心的猛攻出其不意地攻击了普鲁士军队，突破敌阵、歼灭对手，拯救了巴黎。

关于这个优秀的指挥家你们了解多少呢？

知道福煦是历史上著名的伟大军事家吗？知不知道他拯救了加里和敦刻尔克两大港口，因此才能不间断地向意大利输送人员和物资？知不知道奥地利·德军进攻最激烈的时候他负责意大利的防卫，拯救了威尼斯，在即将战败的情况下顺利扭转战局获得胜利？

了解那次大战的一切

了解这一战绩的详细情况之外，当然还要了解那次大战的一切。请阅读这位英雄的丰功伟绩……（略）

这一广告文案的优点是瞬间唤起不了解"福煦"和"马恩河会战"的读者的想象，具有令读者感到"有趣想读"的、充满活力的描写力。

确认自己想做什么

我们经常说"沟通效果由接受方决定"。我们要牢记这一训诫，无论是什么沟通，都要以考虑对方为起点。

所以，写作时，考虑读者的一切是理所当然的事情。但是经常关注这一点，自己原本想做的是什么或者表达欲望是否强烈可能会被忽略。

比如，从上司那里得到某一新政策的许可，只考虑到读者，即使仅仅写工作事务，也无法向对方表达清楚。如果加上"现在是应该做的时候"或者"如果是自己，就有信心取得成功"这样的内容，给读者的印象就会发生重大变化。我们需要在考虑对方的同时表达出自己的强烈思想。

在心理学或者谈判语言中有渴望、要点，意思是"强烈追求的目标"。但如果能突出这一渴望、要点，用合适的文章风格（不要过于夸大其词）表达出来，给对方的影响也会发生变化。特别是文章开头中所写的，能够感受到这些是顺利读完整篇文章的重要因素。

下面的例子是发给上司的邮件的开头，表达的是如何获得某新客户的方案：

❌

未解决的 A 公司攻略，想法如下。

首先，对于其没有开通账户我也没有办法。所以，我想先从小事情开始，向更大的循环进军。

为此，要先和公司内部人士取得联系，1年以内无论多小的案件都可以努力获得 A 公司的订单，并由此建立关系，为取得对方的信任而努力。

（以下略）

倒也没有说什么奇怪的话，但总觉得表达太平淡，如果上司比较忙，可能不会认真地考虑。和以下的修改对比一下吧。

◉

未解决的 A 公司的攻略，通过以下的步骤展开工作。先认真定好目标、增加黏性。

第1季度

首先，想办法和对方的重要人物建立信赖关系。很幸运，可以特定为对方的 B 部长这一重要人物。我认为很难突然和 C 部长对话，但想和他部门中的人进行最少3次交谈。借用公司内部的专业技术部门之力，早日打通这一通道。

第2季度

这一季度中，计划向 B 部长提出广告策划方案。为此，要继续和他的部下交谈，增强关系。另外，在这个过程中，会特意找到 A 公司具有的烦恼和问题点。

第3季度

A 公司因预算的关系，会在第3季度让我司交上提案，下一个季度再下订单，这是整个流程。首先为了获得 RFP(Request for Proposal)，根据从对方获得的情报，要进入一个能够提出各种提案的状态。刚开始可能无法获得千万日元的订单，但我认为最低也能做出400万 ~500万日元的提案。

第4季度

竞争对手众多，但我会以订单为目标积极地开展工作。假如今年没有收到订单，为了下一年，也要找到为什么不行的原因并和 B 部长建立关系。
我从事这项工作已经3年，渐渐地开始看到胜利的曙光。我感到有十足的胜算，有信心获得订单，单独一人难以成事，请领导一定给予指导。

（以下略）

很明显，后面的例文传达出了高于字面的热情。因为有具体内容，会更容易受到上司的支持。有具体内容很多时候证明进行了认真的思考。

重要的是，这并非随意写出的长篇详细内容。书写的内容需要结构紧凑，同时还要表达出自己强烈的想法。

第

2

章

主张要有说服力

大部分商务文书都需要有明确的主张。主张明确且能清晰表达其根据的工具之一就是金字塔结构。

案例

中野惠子就职于中型消费品制造公司。原本她在营业部门，但今年春天，因本人意愿而转职到事业企划部。

干劲十足的中野，也有所担心。在此之前，中野一直属于"思考之前身先行，用脚挣钱"的类型，从未慢慢地思考过事情。即使如此，天生的行动力和待人接物的良好态度，总会发挥一定的作用。

另外，中野一直不擅长写作。这也是因为从中学的几年时间，由于父母的工作原因，她曾一直居住在其他国家。短篇的邮件等还没什么问题，但报告等长篇文章，就常常因为日语不好而难以成文。

虽说如此，到了企划部，如果不能认真思考事情、不能写通俗易懂的文章则举步维艰。对于这样的中野，上司齐藤刚开始给她的工作是关于近年来新商品的简单前期调查。齐藤已有了自己的想法，但他的目的是想让中野了解一些现场的状况，再以此为基础认清解决问题的方向性。

中野一边遵循着齐藤的"带着自己的想法举行听证会"的指导，一边到现场进行各种听证。有时也和在竞争企业工作的朋友一起吃饭，委婉地收集信息。

收集到这类信息，但总结到报告中时，中野又犯难了。

"虽然数据都很清楚了，自己却不知道怎么写、写什么。怎么办呢？我倒是明白这是结构的问题，所以先用邮件发给齐藤吧。之后，再一起报告已经了解的事实。因为这是齐藤的事情，所以我想说什么他应该能明白吧……"

于是，中野写了以下邮件：

件名：那件事

您指示的那件事我已经研究过了。
正如从以下事实中已经了解的那样，我们公司近年来没有开发新商品是因为结构的问题。以下列举出调查的结果。
• 我司的"顾客咨询窗口"中没有配备懂营销的优秀人才。
• 我司近年来销售的商品中一般都是以消费者的心声、不满为契机。
• 现在我们收集顾客的声音主要通过调查明信片。
• 其他的顾客信息主要靠线上听证会。
• 我司的"顾客咨询窗口"中，重大索赔之外的都是当场处理，并没有报告其他部门。
• 顾客的愿望和购买类型前所未有的多样化。

- 竞争对手 A 公司已经彻底地改革了"客服中心"，开始重点分配经营资源。
- 竞争对手 B 公司已经大张旗鼓地开始在网站上设置公示板来刊登顾客的声音。
- 因应对顾客索赔而评价低下的公司面临更多困难。
- 顾客需求的快速变化前所未有。
- 我司没有发售到市场上的产品一大半都是研究所独自闭门思考出来的产品。

P.S

我觉得下次也需要总结到报告中，但不知道怎么写。请多多指教。

　　看到这封邮件，齐藤会想："哎呀哎呀，乍一看倒没什么不好，我也承认这个步骤分得还不错，但不好好磨炼下可不行啊。首先，以发现的事实为基础，好像要先教她一些方法来讲出有说服力的主张。"

解说

　　很多为"不会写文章"而烦恼的人都是原本就不知道写什么才好的人，但实际上，很多商务文书都已经确定了必须写的要点，即已经确定了自己的主张。比如，关于某一案件（事业退出等）是赞成还是反对、希望对方采取什么行动，这样的主张。而且，写文章的目的就是正确地表达这一主张，促使其产生同感、付诸行动。

　　难的不仅仅是明确地论述意见和主张，同时还必须展示出其根据。比如，应对顾客的索赔，督促、仰仗上司裁决的事件等，如果自己的主张不够明确，而且其根据也不清晰，就不可能获得对方的理解和接受，不可能让对方按照我们所希望的那样付诸行动。如上所述，人是"追求解说的动物"。

反过来说，如果能清晰地建立"之所以有这样的事情，是因为……"这样的骨架，无论是谁都能写出具有一定说服力的文章，为此可用到的工具就是后面将要论述的金字塔结构。在咨询公司里，写作时当然要广泛使用上一段内容中论述的方法。

本章以金字塔结构为基础，以第1章中论述的"抓住目的"为前提，来讲述明确传达主张的关键点，主要有以下4个。

- 明确最终要表达什么。
- 支持主张的逻辑要清晰。
- 主张要基于事实。
- 涌现出具体的想象。

其中，第1点指最后作为文章整体的 what（想说什么）是明确的。第2点和第3点的意思是 why（为什么）是清晰的。

最后一点的意思是指示事项和做法 how（怎么做）是明确的、确实地传达给了读者。在咨询界，罗列出这些信息被称为完整的信息。（图表2-1）

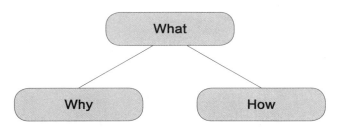

图表 2-1 完整的信息

明确最终想表达什么

这是理所当然的事情，如果文章最后无法明确想表达什么，在商务写作中则是不合格的。

文学，特别是简短诗歌，有的就需要向读者解释，但因为这种解释有多样性，并不能说具有醍醐灌顶的效果。商务写作的目的是最终能驱动他人、获得想要的结果，考虑到这一点，如果不能明确最想表达的内容，则让人难以接受。来看看下面的文章是否明确了想表达的内容。

✕
件名：管理教科书

（省略问候语）
那么，这次由我负责公司内部职位调动的管理培训。
所以，能得到学识渊博的×××先生赐教，倍感荣幸，关于管理的书籍，①如果选3本、②如果选10本，应该选什么书？
您百忙之中，打扰了。请您一定不吝赐教。拜托了。

邮件中所写的只是希望对方推荐关于管理的好书，但收到这封邮件的人大概会感到困惑吧。最后，期待读者"做什么""要达到什么目标"并不明确。

不仅没有明确地说明是要自己学习还是必须介绍给公司内部的人，或者是用于研修，而且没有明确说明为什么分为两种类型。如果不明确这些就发给对方的话，将无法表达自己的目的，读者采取的行动也会和写作者所期待的不同。

以上的案例，如果按照下面这样写，表达的内容会更加明确，可以说作为商务文书就没有问题了。

◉
件名：请推荐管理教科书

（省略问候语）
那么，这次我被选拔为公司内部职位调动的管理培训决策成员。鉴于我公司的情况，我尤其重视的是管理培训面对的是从主任到课长、部长助理等30~45岁之间的中层领导。

首先，我自身作为企业的管理层，深深地理解其体系和"核心"。

所以，眼前浮现出博学多识的×××先生的容颜，特发邮件请教。

请您一定不吝赐教，关于管理的书籍，还请您推荐3本企业的中层管理人员一定要看的书。可能很难集中挑出3本书，但这里还是大胆地请您给予推荐。

另外，这个请求确实有些自私，除了以上3本，还请再推荐7本"再读读这些也不错"的书。

最多只阅读10本书，我并不认为可以理解管理，但距离秋季的中层研修时间不多了，所以想先按照优先顺序阅读排在前面的书籍，以提高自己的理解水平。

百忙之间，打扰了，希望能得到您的帮助。

请多多关照。

支持自己主张的逻辑性要清晰

想表达的内容简单、没有很大影响的时候，不必啰唆地写出理由，只要用简单的文章表达出要点即可。但是，随着事情变得越来越复杂，读者很难马上理解其内容，若事情重要性的增加（比如：大额资金申请、全公司的制度变更提案等），就需要用有说服力的阐述来说明为什么自己会那样想。如果不这么做，会因为没有说服力而无法提高读者的动力。个人会做出随意的判断，团队会分崩离析、各自为政。

为了避开这种情况，必须通过书写具有逻辑性的文章来增强说服力。但是这很难做到。

比如，本章开头列举的中野的邮件，读到这封邮件，很少有人能在头脑中明确地联想到邮件想表达的内容以及其依据。邮件的开头确实写了像是主张的内容，也分条列举了很多信息，但是，让人看不懂之间的联系，结构条理并不清晰。另外，开头的主张也没有具体的提案，所以最后也只能让大家疑惑"这是什么"。

也就是说，严格来说这封邮件的主张并不明确，只是一条一条列举出未加整理的信息而已，除此之外毫无意义（幸好中野本人也认识到了这一点）。

然而，在实际的商业现场，发送这种"不知道在说什么的邮件"的情况并不少见。报告、企划书、广告策划案等，通过文章向别人表达自己的意见和主张时，会频繁地发生相同的情况。

而金字塔结构（金字塔型的逻辑结构）则可以帮助我们避开这种情况，让自己想要表达的内容（主张）依据结构清晰、更加通俗易懂。

这也是在重视逻辑性的咨询公司里被用于写作基础的结构。这是原麦肯锡公司的芭芭拉·明托所提倡的、研究出来的方法论。特别是表达了"应该……这是因为……"这个建议及其依据的文章中非常有效。

图表2-2中用图表展示了金字塔结构。

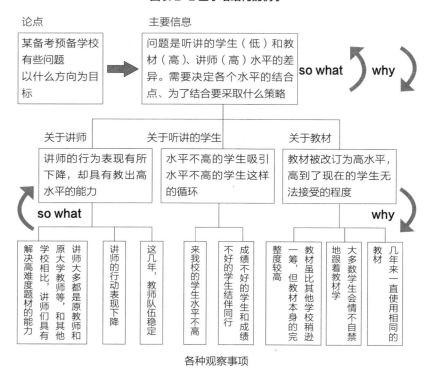

图表 2-2 金字塔结构的例子

论点

某备考预备学校有些问题以什么方向为目标

主要信息

问题是听讲的学生（低）和教材（高）、讲师（高）水平的差异。需要决定各个水平的结合点、为了结合要采取什么策略

so what　why

关于讲师

讲师的行为表现有所下降，却具有教出高水平的能力

关于听讲的学生

水平不高的学生吸引水平不高的学生这样的循环

关于教材

教材被改订为高水平，高到了现在的学生无法接受的程度

so what　why

解决高难度题材的能力

讲师大多都是原教师和原大学教师等，和其他学校相比，讲师们具有

讲师的行动表现下降

这几年，教师队伍稳定

来我校的学生水平不高

不好的学生结伴同行

成绩不好的学生和成绩

整体较高

教材虽比其他学校稍逊一筹，但教材本身的完

大多数学生会情不自禁地跟着教材学

几年来一直使用相同的教材

各种观察事项

最上面的"主要信息"就是主张，下面是应该称为"支持主张的支柱"的2~4个依据，再往下还有支持依据的各个细小依据，整体为金字塔一样的结构。

另外，完整的金字塔结构，无论看哪一层，上段都是对下段的回答。

也就是说，"这样主张，是因为依据 A、依据 B、依据 C"和"依据 A，是因为依据 A-1、依据 A-2、依据 A-3"这样的关系在所有的部分"逻辑三角形"中均能成立。同样，从下段到上段是对"so what（所以什么）"的回答。"有依据 A、依据 B、依据 C，所以可以说有这样的主张""有依据 A-1、依据 A-2、依据 A-3，所以可以说有依据 A"这样的关系。

图表2-2用图表的形式表达其中的关系，如果结构清晰，再有效使用缩进和分条书写等，落实到文书上也没那么难。顺便说一下，把开头列举的中野的邮件用金字塔结构整理一下，落实成如下文章。开头的主要信息不是单单进行表面上的汇总，而是明确地提出建议。

但是，不一定要将图表2-2一样的立体结构内容原封不动地"平行转移"到文章中。逻辑结构可以采用金字塔结构，在文章表现中加入这里考虑到的要素，也可以总结为"起承转合"的结构形式。

另外，金字塔结构是为了书写主张和逻辑清晰的文章而使用的工具，请注意这一工具并不一定适合写留在内心的文章和驱动他人动情的文章。

开头案例的修正

件名：紧急建立用于收集市场反馈信息的制度

研究结果，我们公司应该紧急强化用于收集市场反馈信息的制度，应该尽快建立具体的制度。

■和顾客相互作用的制度不够完善。
  – 我公司没有战略性地有效利用"顾客咨询窗口"。
    • 没有配备了解市场的优秀人才。
    • 大型索赔之外的索赔都是现场处理，没有汇报给其他部门。
  – 和我们公司的顾客之间的相互作用受到限制。
    • 主要通过明信片收集顾客的心声。
    • 除此之外的顾客信息主要是通过线上听证会。

■迄今为止都是按照以上方法收集顾客的直接反馈，需要建立能应对此情况的机制。
  – 产品开发中必须反映出顾客的心声。
    • 我公司近年来发售的新产品中实际上一般都是以消费者的心声、不满为契机。
    • 没有发售到市场上的产品中一大半都是研究所独自想出来的产品。
  – 很难切实地抓住顾客需求。
    • 客户的意愿和购买类型前所未有地多样化。
    • 客户需求变化之快前所未有。
    • 难以应对顾客索赔而评价低下的公司引人注目。

■很明显已经有企业开始着力建立和顾客相互作用的制度。
  – 竞争对手 X 公司已经彻底地改革了"客服中心"，开始重点分配经营资源。
  – 竞争对手 Y 公司已经大张旗鼓地开始在网站上设置公示板来刊登顾客的声音。

　　如果这样写，先不说是否能立刻同意这个提案，但写作者的思考逻辑和有理有据的主张也会非常明确。当然也可能会出现反驳的观点，但这一议论也可能会成为有意义的内容。这就是用金字塔结构逻辑清晰地表达主张及依据的最大优点。

另外，使用金字塔型逻辑结构时，按照图表2-3一样的步骤进行会发挥作用。

图表 2-3 金字塔结构制作的顺序图

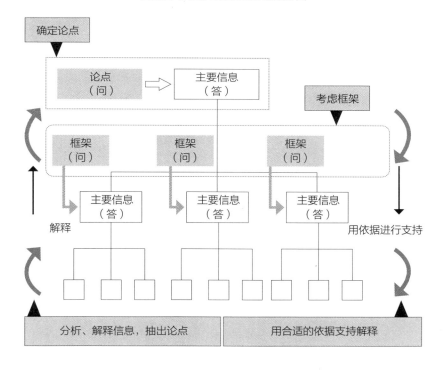

在金字塔结构中，根据主题不同可以分为几个经典的"框架类型"。如果了解到这一点，就能缩短考虑事情的时间，将会戏剧性提高商业生产率。比如，图表2-4就是关于新项目提案的金字塔结构案例。希望大家能够意识到新项目提案通常会有很多页，知道这一框架和不知道这一框架会有很大差别。

另外，经营学中各种各样的体制（例如：商业环境分析的3C、营销政策的4P等等）大多可以应用图表2-3中的框架，在整理思路的基础上会非常有效，希望大家能掌握著名的框架。然而，只过于简单地考虑著名框架，反而可能将思考陷入固定模式，希望大家避开这种情况。

而且，图表2-2中列举的并不是著名的体制，而是鉴于考试培训学校这一业态的特殊性，采用了"讲师、学生、教材"的框架。

图表 2-4 新项目提案的金字塔案例

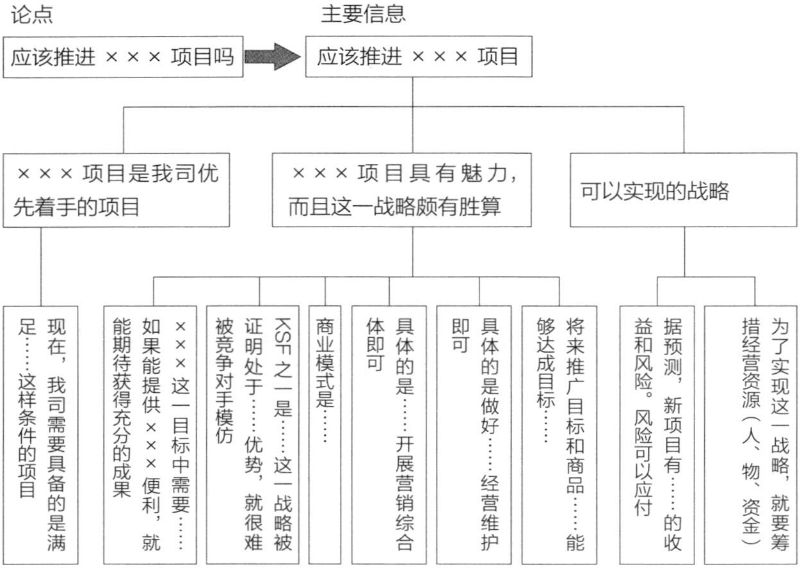

金字塔结构是一个非常简单的概念，如果能养成习惯，考虑事情时、落笔成文时会非常有用。但是，很难做出好东西，如果不反复推敲从下往上的"so what"和从上往下的"why"，往往会引起事端，需要我们掌握窍门和反复的练习。

关于更深的金字塔结构，想更深入了解的人请参考芭芭拉·明托的《金字塔原理》、MBA轻松读第一辑《逻辑思维》等书。

本书中，通过金字塔结构讲述了为增加说服力应该意识到的、最低限的重点，总结列举出以下3点。

- 避免过度跳跃。
- 平衡地搜集内容依据。
- 最终用事实支持论证。

关于第3点的"事实基础"，将在下次另加论述，这里先简单论述前2点。

一、避免突兀

虽然写作者提前列举出了说服力强的依据，但在读者看来，会留下令人百思不得其解的记忆。

比如，"因为赤字已持续2年，所以应该停止这个项目"这一主张，在写作者本人的脑海中可能会成为充分的依据，但很多人都难以接受2年的赤字＝停止项目。这可能只是事情的一部分，得出的结论也过于突兀。

从这个例子来看，"这个项目已持续2年赤字，无法预见市场的扩大，业界地位低，需要尽早采取合理化的措施。即便这样也无法消灭赤字，就应该讨论停止这个项目"，如果改成这样，便不会过于突兀，主张和写到报告中的证据也可保持平衡、读者也不会感受到违和感。

避免过于突兀，需要整合论点和依据的统一性，重要的是针对论点要在金字塔结构中自上而下地提问"为什么"，冷静地讨论自己列举的依据是否具有说服力。作为"应该停止这个项目"这一最终结论的依据，需要讨论"持续2年赤字"是否能构成说服力十足的理由。

特别是邮件等，虽然读者都具有相关经验，却也往往会沦为冲动性的、具有攻击性的文章。可能的话，可以用一定的时间让心情平复下来后，再重新寻找主张和其依据之间的平衡。本书的前言中也曾讲到，希望大家能常常意识到文章本来是非常恐怖的东西。

二、均衡地搜集内容依据

比如，下面的文章如何？

日本应该再提高风力发电的比例。风力发电和核电不同，引发毁灭性事故的可能性小、几乎不排放二氧化碳，所以从环保的角度看是非常优质的资源。事实上，欧洲的风力发电比例非常高。已经有了像西班牙一样的风力发电占据发电首位的国家。

写出来的虽然是事实，但仅仅如此很难引起同感、共鸣。这是因为没有涉及读者必然会产生的疑问，问题如下：

"电力成本如何？如果超出需求而涨价，难道不会造成产业空洞吗？"

"日本是高人口密度的国家，能保证有地方建设风车吗？"

"和偏西风稳定的欧洲相比，日本不能列到同一水平上吧？"

"听说风力发电会造成低频率的'声音危害'，这样也没关系吗？"

也就是说，上面的文章中只阐述了对风力发电有利的内容，没有涉及任何不利的内容。这样做会欠缺均衡，相反会令读者产生不信任感（请参考专栏"确认偏误"）。

在认识到了各种缺点和需求成本的基础上，相比这些不适合的内容，只有夸大优点，原本的主张才会显得合情合理（图表2-5）。

图表 2-5 保持均衡的金字塔结构案例

我们经常说，支持主张的"柱子"和"框架"必须牢固。希望大家一定要感觉到"为了阐明这一主张，需要作为'柱子'的依据""为了阐明这件事，必须在这样的框架内思考事情"。之后，如上所述，了解很多著名的机制（分析和逻辑构成的框架）会非常方便。

专栏：确认偏误

确认偏误是一种偏见，是指人们一旦有了自己的观点，就会只看到支持这一观点的信息，而不断强化最初的观点。对大部分人来说，这往往是最普通的偏见，也可以说证明了人们更倾向于不想改变自己观点。

确认偏误是带来重大失败的典型案例，带有确认偏误的人往往坚信自己会走向成功。在某些企划中，如果坚信"这一定会顺利的"，会为了得到执行的命令而仅仅收集适合的信息。

原本，我们必须以顾客分析、内部资源调配的可能性、核算分析等客观而冷静的分析为基础来判断这一企划正确与否，但一旦过于坚信，就会只看到适合的、好的信息。而且，现在的检索工具非常多，从世间浩瀚如海的信息中选出有利于自己的良好信息、制作成可以被接受的资料并不难。

笔者在大学院的课堂上也经常说："在现在这个时代，只要你想，如果能收集到信息来证明一个人是圣人君子，相反也一定能收集到信息来证明这个人是恶劣小人。"希望大家一定要冷静地分析自己是否陷入了确认偏误。

主张要以现实为基础

为了写出有说服力的文章，不仅逻辑结构要牢固，最终还要用事实或者谁都能接受的接近事实的内容来证明自己的依据。

说明依据的理论发展的逻辑基本上有"结论→为什么→依据1、依据2……"和"依据1→为什么→依据1-1、依据1-2……"我们需要重复这种结构以使其成为最权威的依据，让大家觉得这就是"事实"。

实际上，逻辑结构正确并不能保证最终的主张是正确的，看一下下面的例子就会明白。逻辑结构本身是典型的三段论法，这一点没错，但因为一句话中穿插了不是事实的内容，最终的结论就会变得不够清晰、变得奇怪。

例一

哺乳类动物用母乳养育孩子。

鸵鸟是哺乳类动物。（错）

所以鸵鸟用母乳养育孩子。

例二

东证一部上市公司不是投机公司。（不一定是真的）
DARI 是东证一部的上市公司。
所以 DARI 不是投机公司。

一、事实是什么

这里说的"事实"是指大家能接受的不言自明的理论、原理、原则。比如，"日本的总特殊出生率[①]常年处于1.4以下，少子化没有得到控制""（除去发泡酒和第三啤酒）在啤酒的范围内，'极度干燥'占据50%以上压倒性的份额"等都是不可动摇的事实（2012年3月的数据）。

另外，"不能随便杀人"等等，可以说是谁都能毫无抵抗地接受的、不说自明的道理。

以前面的例子为例，"哺乳类动物用母乳养育孩子"是事实，但"鸵鸟是哺乳类动物"不是事实，作为三段论法，虽然使用了正确的逻辑结构，但最终得出了错误的结论。

对此，"据说年轻男性正趋于草食化""日本缺乏优秀的领导者"又如何？经常会看到这样的议论，但实际上这只是主观的见解，不一定是事实，另外"草食化"和"优秀的领导者"等也难以判断划分标准。事实上，如果确定适当的判断标准和尺度，通过客观的调查，可能会出现

---

① 特殊出生率即女性一生中所生孩子的平均数。——译者注

"很难说这是事实"的情况。

像这样，以难说是事实的内容来做依据展开逻辑分析，"现在年轻男性正趋于草食化，所以结合这种情况做杂志企划吧"，这种论述得出的结论可能对周围缺乏说服力（如后面所述，如果特别行业的重要人物这样说的话情况会有所不同）。

最终的结论是逻辑的土块堆积而成的，如果逻辑没有建立在事实的基石上，则容易崩塌。

二、使用数字

然而，现实中很难实现以什么为标准来定义事实，最简洁易懂的标准就是数据，用数字来展示事实。如果创造条件就可以获得销售额、份额等数字，作为事实这是最能打动人心的力量。另外，从第3章中论述的"留下印象"这一点来看，具体的数字也有效果。

但以具体的数字和数据为依据得到的事实，也未必能表现出实际状态。一种情况是数据已过时而无法使用。比如，虽然是大型专家团得出的、可信度高的数据，但调查年份是几年之前，作为重要数据则已经过时了。

还有一种情况是数据本身可信，但作为依据却力量不足。比如讨论国家预算和财政政策时，如果只看普通会计数据就得出某种结论，但实际上特别会计那边的金额巨大，讨论将没有任何意义。讨论的时候，要清楚地意识到真正有意义的数字。

三、使用亲自确认的内容

看到了事实并加以确认的内容是有效的。做调查问卷，亲自到现场来确认实际上发生了什么、是什么样的事情，这一点很重要。这时，不要用极端、抽象的语言来加以说明，使用能唤起具体想象的表达，能增加说服力，更容易留在读者的记忆中。

☒ 非常冷的地方
◉ 冬天，即使是晴天最高气温也会持续低于零度

☒ 非常好评
◉ 最后，大家都起立鼓掌

☒ 非常吵的地方
◉ 离开3米的距离就听不到对方说话，吵闹的地方

专栏：有断言的勇气

读了各种文章后感觉到更好的是"是……"等断言的情况，但"像……""认为……"等非断言的形式使用了推断表达，这种表达有些

低调，但说难听点就是使用了制造"逃跑机会"的表达方式，这种例子很多。

这也可能是源于日本人特有的委婉，但使用过多，往往会带来"没有自信吧""真的是事实吗"这样的感觉。

最终，推动商业的原动力很多都是本人的自信和信念。没有人会把自己的信念写成"我好像想……"等。全球化进程要求强烈主张的今天，在应该强烈表达主张的情况下，请一定抛弃过剩的委婉，拿出断言的勇气。

另外，这并不是不考虑、不照顾对方的感情。在必要的情况下，如果要表明对对方的挂念，还是不能傻傻地直接说"这个很奇怪啊"，而是要用"只怕这个不太好吧"等来维护对方。

关键是根据相应的情况，在应该具有断言勇气的时候，直接说出来。

四、只用事实当依据便不会产生"边界"

重视事实的态度很重要，但从众所周知的事实中得出的结论往往可能会欠缺商务中需要的"敏感"和"边界"。

也就是说，自己能轻易获得的事实很可能也是对手能轻易获得的事实，特别是从网上获取的数据更有这种倾向。这样一来便无法在竞争中优先一步。所以，在纯粹的、一定量的数据以及观察所得的事实之外，需要再加上一些调味料。这个有效的调味料就是熟悉业界行情的重要人物的意见。

特别是关于未来的事情，现在并未用数字和数据发表出来的见解，很多还只存在学者和专家这样的重要人物的脑子里。说到底也不过是预测，但往往比陈旧的客观数据更能准确地描绘出未来的态势。顺便说一下，在咨询等活动中，找到几个这样的重要人物，很多情况下都可以将他们的评论作为一种依据。

比如，在2012年，以"可以在什么平台来普及使用了高亮度白色LED（发光二极管）的电灯"为课题进行思考。高亮度LED的普及中，有技术的发展，还要考虑到国际成本竞争力、竞争商品等，所以现在收集的客观数据、组织出的逻辑，也很难得出让周围人接受的观点。

但是，作为这一逻辑的依据，如果加上了由直接询问熟悉照明界和LED界的专家、新闻工作者、社会名流等而获得的意见，说服力就会提高。积极地创造这种机会的态度也很重要。最后，我想说的是希望大家能把"这是否是能让大家接受的逻辑依据"这句话铭记在心。

专栏：主观也重要

我们经常会说"事实和意见相分离"。在序章中介绍的"理科系的作文技术"中也强调了要严格区分事实和意见。

可以说，这种态度在基本上"只"用事实为依据的自然科学领域的论文中极为重要。学者没有证明事实也会说"转基因作物极为危险"，但对方可能不会接受。面对"这么说的依据是什么"这样的问题，需要在事实的基础上回答，这是全世界的规则。

当然，在商业领域，清醒地意识到这是事实还是意见再做思考和书写本身也非常重要。但是，要做出某种决定的时候，如果仅仅拘泥于事实，往往会在变化迅速、极具不确定性的现代经营环境下陷入被动。

"未来的事实"并不存在，正因为如此，虽不能严密地证明，但行业中的知名人士脑中的"未来预想图"和基于经验的"直观"具有

很大分量。顺便说一下，有些竞争对手公司的首脑会发表以"客观很重要，但更重要的是'超越客观的主观'"为主题的演说。这正是"你这么说你就这么做吧"。

当然，需要避开"遵循不批判权威"的规则，追求高度的均衡感，而在商业中，有时基于主观的意见也能成为重要的依据。

涌现出具体的形象

刚才，我介绍了能为主张找到简洁易懂的理由的结构工具——金字塔结构（金字塔造型的逻辑结构）。这里展示的是对 why 提问时的答案所依据的类型，但对主张提问时就变成了 how，"应该……具体的是……"本章讲述的是提出建议和展示其具体方法的类型（图表2-6）。

这种结构的最上面是作为论点的主张，下面是支持主张的2~4个大方向性以及再往下的更具体的方法论。另外，how 的金字塔如后面所述，希望能写到更具体的行动。然而，希望大家能注意到图表2-6的例子中论点的视点相当高，如果想将其写得更具体金字塔的层数就会过多，所以到最下面一段时还依然停留在大方向这一层。

图表 2-6 how 的金字塔结构案例

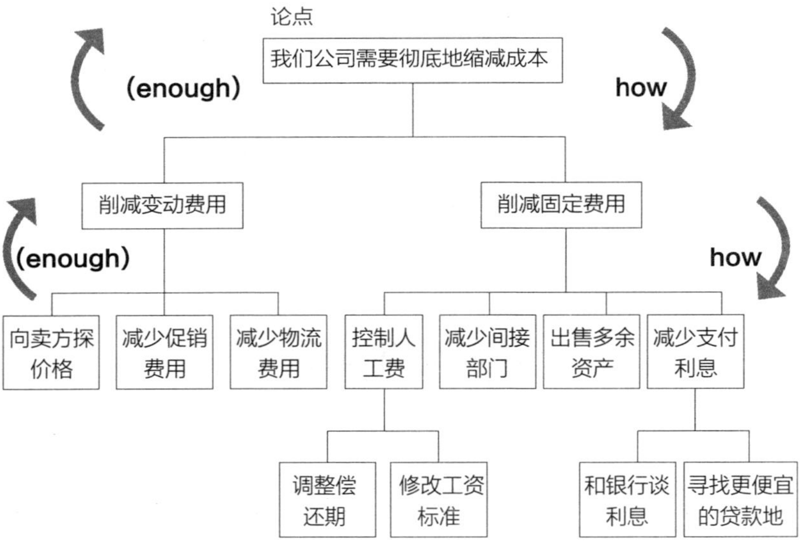

完整的 how 金字塔结构无论在哪一层，从上段到下段都是对"怎么做"的回答关系。也就是说，"主张像方法 A、方法 B、方法 C 一样""用方法 A 吧，具体是做方法 A-1、方法 A-2、方法 A-3"这样的关系，但所有在部分的"逻辑三角形"完全成立。

从下往上，在这里提问"so what"，也可以问"结果想做什么"，但实际上在 how 的金字塔结构中大多是上下结构的从上往下，和 Why 的金字塔结构相比，"so what"的提问并没那么重要。在实际执行中，大多数情况下问"enough（这些应对措施充分吗）"会更有效。

关于金字塔下层的个别应对措施，希望大家最终能尽可能地明白"谁（who）""什么时候（when）""做什么（what）""多长时间（how much）"另外，这里所说的"what"不是整个主张的"what"，而是为了实现这个而消耗掉的应该做的事情。

其第一目的是，明确向读者传达希望他采取的行动。另外，这也是因为采取这一行动之后，通过了解其完成度进入 PDCA（戴明循环），上升到管理层面的同时，也关系到了提升相关人员的动力。

来看一下例文：

> ✕
> 关于制作针对悬而未决的 Z 公司的提案，希望进行以下分工。
> A 负责提供内容；B 负责公司体制和流程；C 负责数字的模拟。
> 我知道大家都很忙，但因为这件案子非常重要，请一定安排时间完成。

这样一来，只能明白 ABC 各负责什么，但完全看不出来要做到什么时候做到什么程度，那么事后也无法回顾，各人做的事情可能会出现重大偏差。如果按下面这样写，就会表达出非常具体的内容，而实际的输出水平也会得到很大提高。

◉

关于制作针对悬而未决的 Z 公司的提案，希望大家在这个月20号中午之前完成。我确认之后，21号中午前给出回复。之后，请在25号提交最终版。

这个案子是上半年最重要的案件，所以虽然知道大家很忙，但还请最先处理。

首先，请 A 负责提供给 Z 公司的具体内容。要写清楚 Z 公司的问题是什么、我公司的对策，并向 Z 公司的人明确地做出说明。关于对策的内容，请具体写明白主要的系统和其通用体制、供应体制。

另外，竞争，特别是有可能和 P 公司、Q 公司竞争，所以要想一想他们的提案内容，请一定表达出我们的优越之处。

请 B 负责关于公司内部体制的部分。请特别考虑一下和技术提供部门之间合作的体制。

另外，请认真估算我们内部需要的资源。不要随便写一个模糊的数字，请想好具体的负责人并提前沟通好。

请 C 负责关于数字模拟的部分。提前说明这次的提案对于 Z 公司来说会带来多大的冲击，请用金额做出明确的提示。

另外，这虽不是提交给 Z 公司的资料，但请估算我司的预定成本。

请注意不要单独工作，要一边适当地交换信息，一边作为一个整体提出具有整体性的提案。

虽有些啰唆，但要和时间做斗争，请务必在20号中午之前写出草案。拜托各位了。

当然，也可以写得更详细，但需要付出时间成本，所以以实际状况和读者的理解度为基础来考虑费用和效果，希望大家尽量写出结构紧凑的文章。如果读者难以涌现出完整的想象，也可以加上"请参考交给 X 公司的提案书"等。

商务写作是为了最终付诸行动。希望大家能意识到，好的文章能促进大家的行动，并且具有统一全员步伐的效果。

另外，在让大家想到具体形象的基础上，希望能避开两种经常出现的行为，那就是使用最大话题和论述中使用名词结尾，下面将简单解释一下。

一、避开最大话题

最大话题是指好像在说什么正确的事情，实际上基本都是没有内容的话。具体如下：

- "通道的再建设。"
- "需要开发划时代的新商品。"
- "需要提高管理能力。"
- "需要策划部门间的协作。"

实际上，如果这么说，虽然表面上很少有人唱反调，却无法付出具体的行动。

这些话看上去像在思考，但实际上往往是没有经过深思熟虑的人写出来的。作者本人也想写出周到的文章，但因为没有内容，只能穷于应答"具体是什么"。说话难听的人称最大话题为"思考停止语言"。

如果单单说读者因为没有涌现出具体的想象而没有采取行动还不要紧，最糟糕的是读者随意理解，做出团队不希望的行为。比如"通道的再建设"，具体建什么样的通道、换上什么人、什么样的教育和支持等，希望大家能在书写的范围内尽量写具体。

"因为还不知道具体会怎样，所以不得不用最大话题来写"，可能会有这样的反论。这也是合理的，但这样的态度往往会导致思考停止。如果水平还可以，认真思考"通道的再建设。比如……"和不浅尝辄止表达态度最终会产生有效的具体行动。

二、避开谓语不明的名词结尾

名词结尾，特别是用于正文和分条列举时需要加以注意。看一下下面的例子：

> 四个季度的要点如下：
> • 代理店的动力。
> • 高地位顾客的满意度。

比如，"代理店的动力"是"制定提高代理店动力的措施"，还是"注意观察代理店的动力如何"，或者是"调查代理店的动力来源"，不明白是哪一个，这就是名词结尾的陷阱。

将上面的例子改成以下内容：

四个季度的要点如下：
• 为了不降低代理店的动力，要保持最少一周一次的联络，勤奋地对人咨询。
• 将高位顾客的满意度提高0.2个百分点。

如果这样写，读者的理解便不会产生偏差，容易想象出具体的行动。

通常在顾彼思的课堂上，用白板讨论的时候，会做出"认真写出主语和谓语。用英语说就是 S（主语）和 V（谓语）"这样的指示。如果只写"提高顾客满意度"等，经过一段时间的讨论，容易变成"那么，最后要怎么提高顾客满意度呢？"这样的状态。

另外，关于主语，如果在实际的文章中机械地写出明确的主语，日语会给人枯燥乏味的印象，所以需要在文章表现上下功夫，关于谓语，希望大家尽量避开会产生误解的名词结尾。

第

3

章

令人印象深刻

商务文书能在对方的脑海中留下持久的印象非常重要。为此，需要考虑以下几点：遵循读者的问题意识和好奇心；对读者来说有新意；不要说得过多，聚焦于重点；了解修辞法的力量；传达热烈的思想和信念；传达写作者的人品。

案 例

山田次郎在某家公司的社长办公室工作，很多情况下都需要制作工作事项和面向社长的各种资料。最近，也有机会写社长的演讲草稿。

有一天，社长交给他一篇"可以参考这样的文章"的复印稿。这是2009年1月举行的美国总统奥巴马的就职演说的最后部分。

……因为无论美国政府能做多少，必须做多少，美国国家的立国之本最终还是美国人的决心和信念。于防洪堤坝决堤之时收留陌生受难者的善意，在经济不景气的时候宁愿减少自己工时也不肯看着朋友失业的无私，正是他们支撑我们走过黑暗的时刻。消防队员冲入满是浓烟的楼梯抢救生命的勇气，父母养育孩子的坚持，正是这些决定了我们的命运。

我们面临的挑战也许是新的，我们应对挑战的措施也许也是新的，但那些长期以来指导我们成功的价值观——勤奋、诚实、勇气、公平竞争、包容以及对世界保持好奇心，还有对国家的忠诚和爱国主义——却是历久弥新，这些价值观是可靠的。他们是创造美国历史的无声力量。我们现在需要的就是回归这些古老的价值观。我们需要一个新的负责任的时代，一个觉醒的时代，每个国人都应意识到即我们对自己、对国家和世界负有责任，我们不应该不情愿地接受这些责任，而应该快乐地承担起这些责任。我们应该坚定这一认识，即没有什么比全身心投入一项艰巨的工作更能锻炼我们的性格，更能获得精神上的满足。

这是公民应尽的义务，应做出的承诺。

我们自信源于对上帝的信仰，上帝号召我们要掌握自己的命运。

这就是我们自由和信仰的意义，这也是为何不同种族、不同信仰、不同性别和年龄的人可以同聚一堂在此欢庆的原因，也是我今天能站在这里庄严宣誓的原因，而在60多年前我的父亲甚至都不能在当地餐馆受到接待。

所以，让我们铭记自己的身份，镌刻自己的足迹。在美国诞生的时代，那最寒冷的岁月里，一群勇敢的爱国人士围着篝火在冰封的河边取暖。首都已经弃守，敌人在挺进，冬天的雪被鲜血染成了红色，在美国大革命最受质疑的时刻，我们的国父们这样说：

> "我们要让未来的世界知道……在深冬的严寒里，唯有希望和勇气才能让我们存活……面对共同的危险时，我们的城市和国家要勇敢地上前去面对。"
>
> 今天的美国也在严峻的寒冬中面对共同的挑战，让我们记住国父们不朽的语言。带着希望和勇气，让我们再一次勇敢地面对寒流，迎接可能会发生的风暴。我们要让我们的子孙后代记住，在面临挑战的时候，我们没有屈服，我们没有逃避也没有犹豫，我们脚踏实地、心怀信仰，秉承了宝贵的自由权利并将其安全地交到了下一代的手中。
>
> 谢谢，愿上帝保佑你们，愿天佑美国。

山田思考着："这的确是一篇有影响力的文章，但参考什么地方？怎么参考呢？"

解说

商务写作的目的不是单纯地表达自己想说的内容，而是要引起读者共鸣、促使其付诸行动。因此，不单单要达到"明白了"的水平，而要强烈地激发对方的好奇心和情绪、给对方留下深刻的印象。实际上，只用第2章介绍的金字塔结构很难实现。

本章在讨论各种文章的基础上，从"留下印象"的观点出发，按顺序解说第2章没有说明却非常重要的要点，要点如下（图表3-1）。

图表 3-1 令其留下印象的要点："INFRAN"

Interest	顺应读者的疑问和好奇心
Something New	对读者来说有新奇感
Focus	不要阐述过多，要聚焦重点
Rhetoric	了解修辞法的力量
Aspiration	表达热切的思想和信念
Nature	表达出写作者的人品

另外，图表3-1列举的项目中，"表达出写作者的人品"超出了文章技巧，是不同角度的要素。这一点，也是应该独立出来的要素，但这里将便利性、其他结构和手法相结合来展开论述。

顺应读者的疑问和好奇心

这一点和第1章论述的"首先有人读"是相通的，是要点之一。

比如，试想一下你是围棋兴趣小组的举办者，准备发一封招募会员的邮件，读者主要是60岁以上的公司退休人士，并且是初学者。你希望更多人加入兴趣小组，做成覆盖广泛的活动。

⊠

件名：围棋兴趣小组会员招募

我们组织了一个以60岁以上人士为对象的围棋兴趣小组。此小组可以轻松聚集从初学者到围棋高手的各个层级人士。现在，已经报名的会员有25人。

活动地点：东京都新宿区×××
小组活动：围棋相关。将来会开展集会、交流会、普及活动、合宿等。
举办频率：每月1~2次。周六9：00~17：00
会费：每年3000日元
兴趣小组之外的活动：每月1次左右的茶会（承担实际费用）
代表：×××（围棋经验30年、职业 × 级）
电话：×××××××××

已经会下围棋的人、初学者，我们都表示热烈欢迎。请大家一定开心地享受围棋带来的乐趣。

　　虽然都是事务性内容，但读到这封邮件后想"一定要参加这个围棋小组"的人，尤其是围棋的初学者可能并不多。严格来说，这是一篇单纯的陈述文，并不能促使人们付诸行动。

　　这样写很难让完全不关心围棋的人感兴趣，如果想吸引对围棋有一定兴趣的人，并使其付诸行动（想让其参加），需要更进一步把他们的关注点（参加兴趣小组的好处等）展示出来，考虑到这一点重新写出了以下文章。

◉

件名：保持活力、享受生活：围棋兴趣小组会员招募

大家下午好，我是围棋兴趣小组 ×× 的代表 ××××。这次，我们想招募新会员，尤其是招募初学者，特此说明。

围棋的魅力——虽无法用一句话讲清楚，但可以说围棋是人类诞生以来最高级的智慧游戏之一。围棋不断地吸引着众人，包括古代以织田信长为代表的著名武将和政治家等。

特别是60岁以上的人通过围棋能获得众多好处。

1）大脑灵活性：围棋是全面运转大脑才能玩的智慧游戏。另外，同时要使用被称为"身体的大脑"的指尖。通过直接间接地促进大脑灵活性，令大脑保持长久的活力。
2）人际关系：通过兴趣小组，可以认识各种各样的人。现在小组已经有25名会员，从现役的经营者到原大学教授，聚集了各行各业的人。对人际网络往往会狭小封闭的长者们来说，这是一个促进人际交往的独一无二的机会。
3）活得有成就感：围棋是即使上了年纪也可以擅长的游戏。记住围棋定式，慢慢得就会真正地感到自己越来越强，会成为人生中重大的调味料，给予生活动力。
4）男女老少都能玩：围棋是男女老少都能玩的游戏。妻子和丈夫或者孙子都记住了规则，家人之间的交流也会更加密切。事实上，很多人都通过围棋和孙子之间的交流变得越来越多了。

以上列举的好处只是一部分，还有很多其他的好处。现在也可以参加会员体验活动，所以请一定到访，体验一下我们的氛围。初学者到职业选手都可以参加，尤其对初学者来说，我们准备了有等级的会员进行指导等热情的支持方式。

地点等详细内容请看下面。

（以下略）

修改后的文章最重要的是想到了读者的关注点，没有直接讲述"参加围棋兴趣小组"，而是想到了他们关注围棋的理由，表达了围棋兴趣小组可以满足这些理由。

上年纪这件事大多数人都不喜欢，因为容易产生各种各样的烦心事，所以才写"大脑的灵活性""人际关系""和孙子的交流"等内容。这样会触动对方心弦，而且初学者也很可能会咨询。

以市场为例，不是单纯讲述产品功能让其购买，而是写出让对方想买的文章脉络，用沟通来触动对方的心弦。这里不必叙述过多，第1章也有所涉及，但在这里，预测读者关注点的态度非常重要。

对读者来说有新奇感

对老生常谈的话、已经知道的事情，即使说很长时间人们也不会记住。文章内容100%用新奇的话语也不现实，但加入一些让人感到"啊？这样啊！""那个事和这个事有关联！"这样的语言，更能长时间地留在读者记忆中。

作为容易记住的"新奇点"，有以下几点。

• 内容新颖，大部分人不知道。

• 之前认为的"常识"或者"理所当然"的事，实际上并非事实。

• 包含的内容本身已经是已知内容，但从其他角度和切口重新认识、加入其他要素，能发现之前没有注意到的新看法。

通常，说到"新颖"，大家往往会看到"内容新颖、大部分人不知道"，但企业顾问和专栏作家等大多数会重视后两点。因为动摇之前的常识和看法、给读者新的视点才具有附加价值。

在意识到这种观点的情况下，来看看下面的例子。

❌

件名：支持型领导行为研讨会的推荐

现代是一个以指导为代表的支持型领导行为的时代。鉴于此，这次我们召开了如题的研讨会。

（以下略）

这样一来，对领导行为多少有点兴趣的人也不会被吸引。这段文字要让读者觉着"哦，原来如此"。所以，要写出和一般人认为的领导行为之间的差别，修改如下。

◉
件名：单纯领导人的领导行为已经过时——支持型领导行为研讨会的引导

"领导"——经常用到的词汇，但大家从这个词汇中能想到什么样的人物形象？

很多人会想到的像 ×××公司的 ×××社长一样充满干劲地引领大家前进的领导吧。当然，提出新方案、鼓励大家朝着这个方向努力也非常重要。

但是，根据近来的领导行为研究，按照领导的指示做依然很重要，但作为指导方法，"跟着自己来"这种形式的领导行为出现反作用的也不在少数。

即将到来的时代要求的是支持型领导行为，提出理想的同时不能强迫别人前进，而是提供实现理想、获得成果的支持。

本研讨会将和为什么需要这样的新型领导这一时代背景相结合，介绍实现支持型领导行为的关键点。

（以下略）

而且，如果想增加冲击力，可以从著名企业的 CEO、专业运动教练等中列举几位实现了支持型领导行为的人的名字。其中，有"嗯？是那个人啊"这种意外感的人应该能留下更深的印象。

不要阐述过多，要聚焦重点

出乎意料，很多人都会犯的一个错误就是文章中内容过多，而最想表达的要点却模糊不清。

书中反复讲过几次，现在的商务人士非常忙，而且在信息洪流之中苦苦挣扎。如果有能使人十分动情的效果还可以，但如果是在无法达到这种效果或不需要的时候，希望能去掉这些内容，聚焦在原本想要表达的内容上。看看以下例子。

❌

请允许我提问关于教科书的问题。

关于金融术语中的FCF（自由现金流）的计算顺序的部分，在正确计算了FCF的基础上，如果能明确定义就好了。

那么，第4章的160页4~5行，EBIT（息税前利润）的定义变成了"在营业利润上加上利息以外的稳定营业外费用和收益之后的金额"。

然而，我查过相关资料之后，关于EBIT的定义，我在以前银行时代使用的书籍中看到的是"在营业利润上加上收益利息（营业外利润）后的金额"。

另一方面，几年前参加×××研讨会时购买的×××的书上，有"经常利润上加上支付利息（营业外费用和利润）之后的金额"这样的说明，另外，最近购买的×××书上说明了"营业利润"，好像不同的书上定义也不同。

我现在非常混乱，但这里理解为EBIT=营业利润+营业外费用和利润是否正确？期待您的答复。

虽然写了很多，但这样写读者会感到疲惫。"我在以前银行时代使用的书籍中看到"等句子在这篇文章中并不是实质内容，完全可以删除。另外，需求度低的形容句子过多，很难整体阅读，且会覆盖掉真正想问的内容。

> ◉
> 请允许我提问关于教科书的问题。
> 160页第4行，关于 EBIT 的定义是"在营业利润上加上收益利息（营业外利润）后的金额"。
> 但是其他书里却写着：
> "在营业利润上加上收益利息（营业外利润）后的金额。"
> "经常利润上加上支付利息（营业外费用和利润）之后的金额。"
> "营业利润。"
> 恐怕是由各种各样的定义，但哪一个定义使用最多呢？还望您不吝赐教。请多多关照。

这样写读者就能明确对方想问什么，也好更快且更容易付诸行动。

晦涩难懂的文章会减弱对方"必须采取行动"的心情，还希望大家能意识到这种文章可能会减缓读者的速度。如果读者怕麻烦，这么写可能会晚几天才能得到答案。

再来看一个电子邮件的例子。

❌

社交媒体

下午好。

最近社交媒体非常受欢迎。
去年，我注册了脸书和推特。刚开始的1个月基本上只看，但后来就经常发消息。每天必做的就是一天在推特上发10条信息。最初懒得动，找素材也很难操作，但最近有了固定的粉丝，渐渐也变成了有趣的网站。

有很多人会把这个工具灵活地用到公司的 PR 里。服务还在发展中的时候，哪家企业都会感到使用不顺畅，但今后用户渐渐增多，交流肯定也会不断扩大。每个用户之间都会产生联系，所以在这样的社交媒体群中无法开展企业促销的日子渐渐来临。

我认识的个人企业顾问就可以利用这些工具，通过建立专家网站来帮忙解决问题。但是，从带着问题而来的公司客户的角度来看，不能实名写"正在为有问题的员工而烦恼，所以来寻求帮助"。中小企业如果写一些拙劣的内容，反而会自寻烦恼。

但是，如果企业客户自己寻找适合的专家和咨询公司，不仅花费时间，也不知道其信用如何。如果网站上有选择专家时需要的充足的信息就好了，但笔者所见，还存在各种限制条件，大概还未发展到这一步吧？

虽然这么说，但的确是个商机。我想，我们难道不能做这个介绍专家的生意吗？社交媒体的发达创造了这样的商机。

写了这么多，通过这件事，想加入专家网站的人或者现实中有某种问题的人，请一定联系我们。

主旨是"想做在网上找专家、匹配专家的业务，另外想建立专家网站。于是，想加入的人或者作为顾客想实际咨询的人请联系我们"。看到最后一段，终于明白了文章的目的，但大多数人都会觉着之前关于社交媒体的说明太啰唆。标题也令人疑惑。文章本身并不算长，可能有很多人会一口气读到最后，但中途放弃的人应该也不少。

从电子邮件杂志的性质来看，很多情况下都会希望每次都能刊登有一定分量的内容，但如果脱离了这样的限制，上述文章应该像下面一样聚焦焦点，写得短小精悍且直中靶心。

◉

新服务：关于在网上解决问题咨询

下午好。

这次，向大家介绍我司的新服务"网上解决问题咨询"。感兴趣的朋友，请一定联系我们。

服务内容

最近，很多网络服务都可以免费使用，但现状却是网上充斥着各种各样的信息。特别是社交网站的发达令人不得不瞪大眼睛去分析信息。

其中，灵活应用网络的过程中出现了"想带着问题咨询谁"的需求，以及"自己想发挥作为专家所具备的技能创造商业价值"的需求。

虽说如此，内容越是繁杂越难以使用真实姓名登录 SNS（社会性网络服务）等享受服务。比如，无法直接写出"因为正在为问题员工而烦恼，想向您咨询"等问题。现在，可以说很难找到合适的专家和咨询公司。

我司着眼于此，考虑推进顾客和专家的匹配，并且在此基础上建立专家网站。我司也会建立这样的网站，所以想先从代为寻找专家开始。

想加入专家网站的人士或者现实中具有某种问题的人士，请一定联系我们。

希望大家能砍掉枝叶部分，聚焦原本就想表达的内容重点。

了解修辞法的力量

说得极端些，修辞法就是装饰文章骨架的装饰品，或者是写作者的"装腔作势"。本质上和原本要表达的事情之间的直接关系非常薄弱，也是和"文章要尽量简洁"的心理准备容易产生矛盾的要素。

但是作为一个现实问题，人类是不仅通过逻辑，也通过情感来产生共鸣、收获感动的动物。文章以驱动他人为最终目的时，即使本质上文章的重点相同，通过适当的修辞，在人们的感情上会有更强的驱动力，效果更加明显。

修辞法过多，文章会令人感觉啰唆、可憎、没有品位，但反过来完全不用修辞又会令人感觉乏味。在哪里用、如何适当地使用修辞是一个难解的课题，只有认识到文章的目的以及和读者之间的关系，同时使用适当的修辞才是现实中最妥当的方式。

虽和其他文章技巧共通，但正确使用修辞的捷径就是读好的文章，认真分析这篇文章"是否刺中内心"。

看看本章开头列举的奥巴马演讲稿吧。这篇文章是演讲用的，而且是译文，严格意义上说可能参考有些困难。但在修辞上，奥巴马的演讲稿一般被看作非常好的教科书，所以本书当例子列出来。

我试着将这篇文章的骨架抽出来当成普通文章，改写成如下内容。

修正例

因为无论美国政府能做多少，必须做多少，美国国家的立国之本最终还是美国人的决心和信念。

我们面临的挑战也许是新的，我们应对挑战的措施也许也是新的，但那些长期以来指导我们成功的价值观——勤奋、诚实、勇气、公平竞争、包容以及对世界保持好奇心，还有对国家的忠诚和爱国主义——没有任何变化。

我们现在需要的就是回归这些古老的价值观。每个国人都应意识到即我们对自己、对国家和世界负有责任，我们不应该不情愿地接受这些责任，而应该快乐地承担起这些责任，没有什么比全身心投入一项艰巨的工作更能锻炼我们的性格，更能获得精神上的满足。

今天的美国也面对着共同的挑战，让我们带着希望和勇气，再一次勇敢前进。

愿上帝保佑你们，愿天佑美国。

原文大约900字，只抽出文章的骨架修改后的文章大约只有三分之一的300字。

也就是说，原来的文章中大约三分之二的内容，单纯从传达内容来说只是原本可以不要的装饰，或者是写作者的装腔作势。然而，大概会有更多人认为终究还是原来的文章更有影响力吧。这就是修辞法的威力。

列举出原作中用到的修辞法如下。

列举：通过列举大量相符的项目，突出其重要程度。

叠词：通过接连不断的重复来加以强调。重复相同的语言称为反复。

于防洪堤坝决堤之时收留陌生受难者的善意，于在经济不景气的时候宁愿减少自己工时也不肯看着朋友失业的无私，正是他们支撑我们走过黑暗的时刻。消防队员冲入满是浓烟的楼梯抢救生命的勇气，父母养育孩子的坚持，正是这些决定了我们的命运。

重复：用其他的语言说相同的事，替换、强调。

我们需要一个新的负责任的时代，一个觉醒的时代，每个国人都应意识到即我们对自己、对国家和世界负有责任，我们不应该不情愿地接受这些责任，而应该快乐地承担起这些责任。

比喻：以某种事物举例，唤起具体的想象。另外，直接用"像……一样"的表现手法称为直喻，没有明示的比喻称为隐喻或暗喻。文学中通常将隐喻看作更为精炼的比喻方法，但商务文书中，让读者具有具体的想象非常重要，所以相比隐喻，很多情况下直喻更胜一筹。以下的例子既用了直喻也用了隐喻。

> 带着希望和勇气，让我们再一次勇敢地面对寒流，迎接可能会发生的风暴。

召唤：表达出和读者之间的密切感。

> 今天的美国也在严峻的寒冬中面对共同的挑战，让我们记住国父们不朽的语言。

委婉：不直接使用具有否定意思的词句和直接说过于醒目的词句，而是用其他词句迂回地表达。

> 也是我今天能站在这里庄严宣誓的原因，而在60多年前我的父亲甚至都不能在当地餐馆受到接待。

引用：通过引用有名的句子来加深印象。

> 我们的国父们这样说：
>
> "我们要让未来的世界知道……在深冬的严寒里，唯有希望和勇气才能让我们存活……面对共同的危险时，我们的城市和国家要勇敢地上前去面对。"

敷衍：故意用长长的说明加以强调。

> 我们要让我们的子孙后代记住，在面临挑战的时候，我们没有屈服，我们没有逃避也没有犹豫，我们脚踏实地、心怀信仰，秉承了宝贵的自由权利并将其安全地交到了下一代的手中。

像这样重新分析一下就会发现，这篇演说通过各种各样的修辞法来打动听者的情绪。

另外，商务文书中经常使用的修辞法如下。

反问：虽是提问的形式，但实际上表达的却是强烈的判断，常常带有讽刺的意味。

> "在这类顾客的想法中感受到危机感的就只有我吧？"

> （"当然，大家应该也感觉到危机感了"或者"大家没有感觉到危机感真是迟钝"）

名词结尾：用名词做文章的结尾，可以起到强调的作用或者留有余韵。但是，正确表达想要对方采取的行动时，希望大家不要使用名词结尾，而要用谓语讲到最后。

> 我是一个有10年经验的风险投资人。带进IPO（首次公开募股）的公司有5家。具有识别商业模式和经营者的眼力。

押韵：同一个地方使用相同的音能产生印象深刻的韵律。特别是在语句开头使用头韵，对留下记忆有明显效果。序章提到的"3自"也是其中一个例子。

> 商务领导需要高立场、多样化的视点、广阔的视野 [1]。

顺便说一下，经营学中，无论东洋西洋，为了容易记忆，很多都用字母表进行头韵押韵。比如，事业环境分析的3C（企业、竞争、市场），市场策略的4P（产品、价格、宣传、流通），工厂管理的3S（整理、整顿、清洁）、4S（前面内容上追加上扫除）、5S（前面内容上追加上礼仪）等 [2]。

另外，不是罗列出相同的文字，而是经常使用拿出首字母组成词语的方法。设定目标的SMART（明确、衡量、可实现、相关、时限）、广告策划方案的KISS（保持简单和愚蠢）等。图表3-1的"INFRAN"也使用了这个方法。

拟声词、拟态词：就是所谓的象声词，用词汇表现出实际的声音和动作、状态等，文学中因为幼儿化一般很少使用。商务文章中，基本不使用拟声词，但特意使用拟态词可以加深印象，宣传标语式的使用案例也不在少数。

---

① 日语原文为"视座、视点、视野"。——译者注
② 整理、整顿、清洁、扫除、礼仪的日文读音均以 S 开头。——译者注

> 今年的主题是"当当当地进攻"。
> 创建扑通扑通令全部职员期待的职场环境是作为再生承包者的责任。

到此为止，我们介绍了很多修辞法，但这些只是一部分而已，还有很多其他各种各样的技法。这里无法全部介绍，所以感兴趣的人请参考专业书籍。

重申一遍，商务文书中修辞法的最大目的是打动读者、给读者留下深刻印象，不是随意使用华丽的修辞来书写"名文"，而是立足根本，有意识地去打动他人。

一、令人印象深刻的句子

我们经常使用特别的句子作为文章能够留在记忆中的方法。这些可以称为修辞的一种，但因为需要大脑发挥作用，所以这里特别说明一下。

典型的句子有，从著名的谚语和文章引用的句子、韵律感强易随口吟唱的句子、著名的谚语和文章的模仿作品以及致辞等。另外，日语是容易造词的语言，所以可以创造令人印象深刻的词语，而且还有双关语和增添致辞等方法。虽然需要花费一些时间，但如果能创造出好句子，很容易成为给人留下记忆的强劲武器。

（一）韵律感强易随口吟唱的句子

改变意识，则改变行动。
改变行动，则改变习惯。
改变习惯，则改变人格。
改变人格，改变人生。

（二）模仿作品及致辞

当下需要的是消费者的、顺应消费者的、为了消费者的媒体。
（模仿林肯的葛底斯堡演讲"人民的、顺应人民的、为了人民的政治"。）

（三）造词

"可视化"。
"不介意的力量"。
"自働化"（丰田使用的词语，也称为"加了单人旁的自动化"）。

（四）造词（双关语和添加致辞要素）

我们今年的关键是联合合作企业创造新产品和服务的"携创战略"。
（诙谐地模仿了迈克尔·波特教授所著的著名书籍《竞争战略》。）
管理中需要的不就是能让部下产生共鸣的力量和能同部下看相同风景的"共观力"吗？
本书也可以说是对领导行为的"强化书"。请大家认真阅读。
（两者都用了相同发音的词语，后者虽未明示，但不用说也是"教科书"级别的。）

传达热切的思想和信念

根据文章的类型来表达写作者的思想和信念且让其感到共鸣，这一点非常重要。即使在日常的商务中，邀请、募集、提案、说服、指导、启发等都以"打动他人"为最大目的，以此为手段的文章中，在一定程度上必须适度地加入思想。这是因为很多情况下思想的强度会成为引起对方共鸣的关键点。这个思想和读者的琴弦（影响点）产生共振的时候，其力量是不可估量的。

当然，思想过高会白忙一场而减分。但是一般来说，相信自己的语言，以热情说服对方，才会使人抱有积极的感情。充实内容、理解对方、真心考虑的时候，自己的思想不强大的话，将无法打动别人。

以下例子是交给上司的、以开发能力为目标的文章。下面分别列出了修改前和修改后的内容。

❌

对接下来1~2年里自己能力的开发，我想特别加强在以下2点的投入。

第一，在强烈的自问自答之下，做好心理准备。其要点是自问自答，设立确实能实现的志向，同时拥有自信。为此，要从小事情开始进入更大的循环。

第二，提高凝聚人心的能力。其要点是提高沟通能力和周围人对自己的信赖。留心这些，最初也是从小事情开始，慢慢再开始需要凝聚更多人的工作。

◉

对接下来1~2年里自己能力的开发，我想特别加强在以下2点的投入。

第一，在强烈的自问自答之下，做好心理准备。

优秀的领导人都是带着心理准备处理事情。与此相比较，如果自己不能进行深刻的自问自答，也就无法做好心理准备。那么就会强烈地感到很难作为领导去带领那么多人。

"自己想做什么""自己应该完成什么"，反复地问自己这些问题，自己本身确定就是"这个"，设立确实能实现的志向，做好能实现这些的心理准备。

这种情况下，我认为同时也需要"自信"，对此，首先从小事情开始。对自己在所有工作都设立期限，并与对方先关联。在小事情上积累小成功，慢慢地建立自信、改变自身的精神面貌。

第二，想要磨炼的是凝聚人心的能力。

要完成大事，必须凝聚很多的人。想想以前，我倾向于靠自己一个人的力量做事。在这之前，我可能觉得目标和从事的课题在自己的能力范围内完成就好。

但是，我进入社会已经15年了。我感觉应该结束这一阶段、踏上新台阶。

首先，增加沟通频率的同时还要留意对方的关注点和感情状态。另外，选择能深入对方内心的语言等，挑战让自己的能力提高两个台阶。

另外，为了凝聚人心，当然需要得到别人的信赖。为此，如上所述首先从小事开始，有意识地不断输出。像机枪一样不断输出，巩固工作中别人的信赖和自己的自信。打造了这样的土壤，自然容易凝聚人心。

> 在此之上，再扩大自己热心投入的工作。做自己一个人无法完成的工作，并投入
> 热情。相信自己在这一过程中能掌握凝聚人心的能力。

　　前者和后者表达的内容本质是相同的，但后者让人感到了更强的思想，另外也因为写出了具体的行为，难道不会更容易获得上司的支持吗？

　　另外，从这个例子中也能明白，如果想表达思想，往往会把文章写得过长。我们需要避免文章过长，一边意识到短小精悍的重要性，一边表达热切的思想。

　　再看一个例子。下面这篇文章是某公司的人事部门向公司内部的其他部门发送的邮件，汇报了自己今后的活动方针，主旨是让公司内部了解自己的事情。但在此之上，难道不是为了让大家感到自己在商务上的热烈思想吗？

◉

件名：请多多关照新生 Ａ 部门

值此 Ａ 部门组织体制更新之际，我们以合宿的形式开展了开端会议。在这里，鄙人将会议确定的部门未来方针和我的感想做如下汇报。

在人才介绍上，谋求好职位的个人以及谋求人才的企业双方都是企业利害关系人。

我们经常会犹豫应该优先哪一方，但我们通过此次会议，明确了今后要特别地聚焦于个人以及 "Ａ 级人才"。我们相信 "有好的员工，才会有好的企业" 这样的良性循环才是事业成功的关键，我们要朝着这样的体制目标迈进。

讨论中另外说明了让全体员工都能精力充沛地执行的中长期计划，同时为了实现这一计划，我们设定了"明天"需要具体怎么做的行动计划。各位要认准目标，从今天开始尽早按照目标努力。

通过这次的合宿，员工们能拧成一股绳。我要感谢之前创建了 A 部门基石的所有人，同时，我会为今后负责 A 部门的人士重新找到志向、获得宝贵的机会。

以建立每天都能成长的团队为目标，全体成员一起全速前进！

日本的"管理人才的市场"由 A 部门来撬动吧！

以下是我的个人感想。

这次的经营合宿，对于1月1号刚入职的我来说是初体验，老实说，我内心充满了"要做什么？"的不安，但是内容非常充实，真是感叹"大家的讨论有价值！"收获感满满的一天。

团队也焕然一新，我感到我已经掌握了 A 部门的目标指向，以及为此作为个人具体应该怎么做。而且，我最受感动的地方是能共同了解每一个成员对于 A 部门"为什么会在这里、选择这里了吗"的理由，能重新感觉到"总之大家都是志同道合""如果是这个人也一定能做到"，这样的牵绊越来越强。

承载着热切思想的经营合宿，虽然原本令我感到不安，但也顺利度过了这一期。

　　如果是下面这样的文章，只不过是单纯的业务联络，很难产生"合作吧"这样的动力，很多人虽读过却留不下任何记忆。

☒~△
件名：关于新生Ａ部门

值此Ａ部门组织体制更新之际，我们以合宿的形式开展了开端会议。在这里，鄙人将会议确定的部门未来的方针和我的感想做个汇报。

——

通过这次讨论，我了解了今后的方针是将最优先的主要目标设定为聚焦于优秀个人。"因为有好的个人，好的企业由Ａ部门来建立"。

还设定了员工个人的行动计划。个人设定目标，按照目标展开工作。个人的目标可能会妨碍全体目标，以这次的合宿为契机，全体成员要共同努力。

请大家一定要一起携手合作。

——

以下是我的个人感想。

这次的经营合宿，对于从1月1号刚入职的我来说是初体验，老实说，我内心充满了"要做什么？"的不安。但是，我认为内容非常有益。我感到部门的整体方针非常好。

关于我自己的目标，我想着"能完成吧"。

我个人也会加油的，所以请多多关照。

顺便说一下，在传达思想强度的时候，相比被动态要使用能动态，像"我相信……"等一样，适当出现第一人称会更有效果。

从构想文章阶段就要有强烈的思想

包含思想这件事不只是最后写作中的技巧，在准备阶段、构想阶段就应该开始了。从这一阶段开始具有强烈思想能带来各种好处，这里列举三个好处。

• 提高专注力和能量、开发好奇心和能力，并且和创造性相关联。这一点也得到了各种研究的支持。只有具备了强烈思想，才能贪婪地吸收知识和信息，这样才能产生谁也没有想过的新点子。

• 思想促使行动。文章光在办公桌前想是想不出来的，特别是能改变商业的提案，要实际到现场去观察顾客动向，和各种各样的人讨论才能孕育出这颗种子。

• 有强烈思想的人，只要没有做特殊的无用功，日常生活中也能起到吸引人的效果。不仅包括自己公司的同事，也包括顾客和外部合作者。

那么，怎么做才能提高这样的思想呢？我们认为"听到自己的心声"这一点最重要。强烈的思想或者内发的动机不是别人给予的，需要自己不断地提高。重要的是常常回顾自身、鼓起勇气自省、自己发现真正想做的事情。

另外，有一个和"思想"类似的概念——"志向"，顾彼思提倡图表3-2中的体制，将"志向"慢慢变大的架构。

思想的强化也不是一次就能讲完的。通过一次又一次挑战各种事物、回顾、自省，思想会从私人向公共、社会发生质的改变，从而提升能量。

专栏：在思想中加入社会性

思想，仅仅是私人的思想就能渐渐影响对方，再加上带有社会性的思想会更容易触动对方的心弦，也更容易产生重大效力。所谓"社会性"意思是指以自己为起点扩大想承担的范围。社会性提高意味着从利己的自己（以自我为中心思考）向利他的自己（提高考虑他人事情的比例或者以他人为中心）变化。从"为了自己"，到"为了自己近旁的周围""为了团队整体""为了社会整体"，随着社会性扩展、利他性的增加，更容易给读者留下好印象。

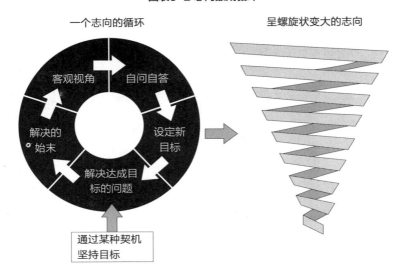

图表3-2 志向酿成循环

一个志向的循环

客观视角 自问自答

解决的 始末

设定新 目标

解决达成目 标的问题

通过某种契机 坚持目标

呈螺旋状变大的志向

表达出书写者的品格

"传达热切的思想和信念"中写的内容很重要，但在商务写作中，很多情况下表达写作者的"品格"也很重要。

文章中用到的语言也是联结人与人、促进事物发展的原动力。发生某些事情的时候，想更深入地了解"对方是什么人"是人类自然的心理。

所以，适度地表达出写作者的根本价值观和生活方式、思想并且和读者产生共鸣、产生感情流动是非常重要的。

从这一观点来看，可以说如果文章面对的是日常接触频率已经很高的人，重新表达出其品格的必要性并不大。比如上司发给几年来一起工作的下属的邮件。对此，即使同样是发给下属的邮件，如果是发给新人，我建议大家在初期加入一些能让对方明白自己是什么人的内容。

另外，近来博客和推特这样可以更自由书写的媒体大为普及。即使是个人经营者、组织者、比较接近专业的人士（例：证券分析家和专家），发这种信息的时候也在向众人认真表达自己说的内容以及"自己是什么样的人"，在丰富自己经验和扩大商业上这一点非常重要。

一旦向读者表达品格，故意写出有违其形象的意外惊喜，可能会给读者留下深刻印象。比如，一个本地的、能熟练使用英语的人写道"语言学什么的不重要"等。将渗透了思想的个人人品和个性作为武器，就能掌握到给读者意外撼动的技巧。

这里介绍3个很好地写出其品格的文章。第1个例子是原员工发来的换工作的问候邮件（兼业务邮件），但先从呆板的例子开始。

⌧~△
大家下午好。

好久不见，我是山田三郎。

从10月1号开始我转职到 A 公司做业务担当的执行监事。A 公司是面向消费品企业的亲自进行网络设计、有50名员工的成长型公司。想了很多，但总觉得是因为某种机缘才换了工作。

我原本是工学部出身，当初想成为一名工程师。这样的自己却一直从事业务的工作，主要是因为我觉得在贵公司的15年经验很宝贵。特别是用5年时间指导我的酒田前辈教了我很多业务心得。这一点和这次的工作变化息息相关。

今后贵公司成了我司的潜在客户。我自身直接拜访的机会也会很多，所以从另一个角度来看也可以和大家多多接触。

还请各位继续多多指教。

祝贵司各位工作顺利、身体健康。

◉

大家下午好。

好久不见，我是山田三郎。

从10月1号开始我转职到 A 公司做业务总监。对我来说，从贵司转职到 A 公司，是我人生中第二次换工作。A 公司是面向消费品企业的亲自进行网络设计、员工50名的成长型公司。

原本是工学部出身的我一直从事业务工作让人感到不可思议，但能曲折地走向业务总监一职，我觉得主要是因为在贵司的15年经验。刚开始的几年，我成绩平平，多亏贵司精心栽培才勉强合格。但是，从中获得的经验真的非常宝贵，正因为这些经验才有了今天的我。

特别是5年间悉心教导我的酒田前辈反复教导我"业务就是思考、行动"。每天都被业务日报和行动计划追着跑，在前田前辈的热切关照下才能走到最后。兼顾着实际的业务活动，摇摇晃晃地走过每一天，前辈的热情以及一起工作的优秀同事的上进心、不满足现状的态度给我提供了巨大的支持。这次，我迈上了全新的台阶，内心充满了感激。

这次，我能胜任 A 公司的业务负责人，当然不是终点而是新的起点。

从贵司"毕业"的时候，在最后离开公司的日子里，收到了香川社长发来的"通过实务进一步学习""商业没有终点"等评论。我一直将这些话铭记于心，不断学习，今后也会继续如此。通常今日都是未来的开始。

今后，贵司是我司的潜在客户了。我自身也会有很多机会直接去贵司拜访，所以从另一个角度来看也能学习到很多。请各位继续多多关照、给予帮助。

写了很多，但请允许我奉上礼品和现状汇报。最后，祝贵司生意兴隆，祝各位身体健康。

　　这也是一封问候邮件，并且采用了一些聪明的写作方法，还生动地表达出了写作者的良好品质和前进的态度。与此相对的上一个例子，总让人感觉呆板且极具事务性，显得不通情理。如果平常写出像后一篇那样的文章，应该就能表达出写作者的人格魅力。

　　这封邮件，大约1小时后收到了下面这封回复。

山田君，好久不见，我是酒田。

我才要多谢当时的你。

如果没有山田君的努力，我相信不会有今天的我。

当时，我自己也是年轻指导，摸索着前进，幸亏你帮我把各种技术信息整理成文档，真心表示感谢。

山田君写的"精良业务系列"到现在虽然经过了一些修改，但已经成为我们公司的秘传秘籍了。

20年前在就职研讨会上相遇，我的直觉告诉我一定要录用山田君，对我们来说，这可能是神的指示。

即使到了新天地中，也一定要尽情地大显身手啊。

为了能成功地迎接升级后的山田君，我们也会继续努力。请一定随时招呼我们。

再会!

　　因为是原前辈，写作风格非常平易近人，这篇文章也让人感觉到怀念之情。另外，可以说商务中非常重视实践。严格来看的话，用词中也有些稍显奇怪的地方，但1小时后快速回复这样一封邮件，谁也不会感到心情不好吧。有时候即使稍微粗糙一点，快速写成的文章比那些流畅却写得慢的文章更胜一筹。

这么说可能有点极端，但双方的邮件都应该了解商务中最终都将是人和人之间的联结。

再看一个例子，这是某电子邮件杂志的文章，从牛肉检查制度相关的考察中找出"技术和制度"存在的问题。

> ……非常遗憾，追踪能力最多能追踪到半扇肉。而且，使用处理得更细的切碎肉、肉馅这些加工食品并不在追踪对象之内。所以，为了调查1个100日元的肉丸子，应该需要10万日元的检查费用。
>
> 还有好几个和这个类似的话题，面对"PET瓶里混入了虫子的尸体"这样的顾客索赔，为了反证"这不是在工厂混入的，是顾客打开瓶盖后混入的"，饮料制造商自己拼死确定了分析技术，比如为了找到"这不是纯正的高志水晶稻，而是鱼沼产的水晶稻"的证据，在种苗阶段加入不会影响其口味的标志基因，食品的安全、安心和品牌保护的科学技术发展没有界限。
>
> 听到这样的话，感叹"好惨啊"的反面是常常想到的"真的有必要做到这一步吗"。
>
> 随着科学技术的发展，为了不发生差错而努力当然很重要，但引起违法行为的通常是人，我们无法用技术限制人类。要充分了解追求安全和判定真假的技术详查的珍贵之处，同时如果不找到根本、不双管齐下地经营人和组织（创建了阻止人走向不公正的组织），就会感叹事件会走向没完没了的地步。
>
> 一旦引起违法事件，大量的、还未被使用的食物就会被废弃，个人也会感到十分心痛。

可以说这篇文章自然地传达出了问题意识、价值观和独自的视角。和前面的邮件例文意思不同，可以说是一篇能看出写作者人格的文章。

一般来说，让读者感觉到写作者良好品质、能留下良好印象的文章具有以下特征。

• 想表达的内容明确。

• 视点新颖（提出对新事物的看法）。

• 虽然能看到其具有丰富的知识却不炫耀。

• 诚实地表达、应对。

• 自信和谦虚两者均衡，没有"居高临下"、没有"高压"，另外也没有超出必要的"谦逊"。

• 没有超出必要地用"自然体"加以修饰。

• 时而能看到相符的"人类软弱"（当然没必要将自己的弱点比如特殊疾病等直白地写到人前）。

• 能感觉到对读者心情的关心和体谅、对"人"的爱心和关心。

反过来说，如果做了和以上内容相反的事情，大概会完全被当成令人讨厌的人。特别希望大家在思考时进行战略性考量并且避开以下几点。

• 超出必要地贬低别人。

• 经常讽刺和委婉地表示厌烦。

- 很多污言秽语、谩骂的语言。
- 轻易判断、贴标签。
- 首先从否定对方开始（包括人格方面）。

包括这些要素的文章，目的多是炫耀自己的立场或者通过单纯向对方表达负面感情，谋求自己的精神安定。

但是，这些不会让读者的心走向积极的方向，也不会提高生产率。也就是说，即使能在刹那间保护自己的自尊心、能流露出感情，但无法将人和组织带向积极的方向。如果以商业领导为目标，请一定不要这样做，也不要一边这么想着一边写作。

除了这些，希望大家还能避开一点。

- 堂而皇之地主张难以接受的已有观点（例如"没有孩子的人和一般人不同""×××的支持者愚昧不堪"等）。

我们当然应该保护思想自由、言论自由，但商务人士怎么公开表达才合适就另当别论了。和商务没有直接关系、被很多人非议的极端观点，通常不发表意见才是明智之举。

当然，如果故意提出这样的观点是为了引起讨论、引起那些被所谓"气氛"牵着走的人们的反响，则不在这一限制之内。但是这种情况下，自己要知道自己是少数派，希望大家在沟通方法上一定注意要细心。

专栏：注意读后感

本章讲述的思想强度和品格还有下一章论述的氛围都是相互关联的，但是文章想促使人采取某种行动时，读者能产生良好的读后感这一点也很重要。具体来说就是涌现希望、保持自信、干劲十足等等。

世间也有与此相反的情况，有的人写出的文章是合乎道理的正确评论，但读后感非常糟糕。即使是合乎道理的正确评论，如果读者"不知怎么回事总觉得讨厌""感觉不可靠"的话，就不会产生共鸣、不会付诸行动，而这些都不是商务中我们希望看到的。

商务写作不只是表达内容，（大多数情况）是希望读者能强烈地意识到积极向前的感情。

一、如果夸大地展示自己就是失败

在某种意义上，上面叙述的内容是极端例子，如果能积累一定的经验，大多可以自然而然地掌握。下面我们来看一下除此之外的其他重点。

多数人常常掉入的陷阱是"看上去比实际的自己更强大"，这也可以说是人类的习性。

特别是经常会通过使用晦涩难懂的语言、做不必要的引用（尤其是只有所谓的"学者"才能明白的文言）来使自己看上去很聪明。

　　我不认为这是符合大家心愿的做法。如果使用晦涩难懂的语言和表现、使用装腔作势的引用能让人看上去更聪明，那不过是写作者和读者的互不信任。在这种背景下的不正是大学老师（在教室的发言、媒体上讲述的方法）、报纸、特别是政治层面和经济层面的影响吗？

　　序章也曾论述过，在彻底、认真、有逻辑地论述主张的基础上，尽量使用通俗易懂的语言才是真正展现聪慧的捷径。

　　"看上去比实际的自己更强大"是一个常见类型，"自己得到了这样的专家的提携""和著名的某人很熟"等，过于夸大自己的技能、经验、交际网。特别是为了获得工作而写的文章，比如职业人的博客等经常会出现这种情况。

　　有时候也会作为业务上的技巧之一，为了不被顾客轻视而不得不恶意使用。而且，故意逞强也确实和开发自己的能力相关，也就是说不能全面否定。

　　问题在于夸大的程度。如果逞强过度，立刻被撕下面具反而会被追究，结果就是失去信用。我们需要在了解比实际更强大的自己的基础上，表现出一个不过度夸张的自己。这个平衡度非常难，需要好好考虑一个"实际的自己"和"想展现的自己"之间的适当距离。特别是商业业绩少的人更容易受这种问题的影响，所以请慎重。

二、展示个性的方法出错

有的情况下会不适当地展示个性。个性是指能够表达出"和别人不同""和一般人有差异",也可以说正因为这一点才更容易给读者留下印象。但是,怎么表达这种差异才能让更多读者不认为"总觉得这人怪怪的""虽然激情四射却不适合我"呢?

比如,笔者多年来一直是美式橄榄球,特别是 NFL(美国职业橄榄球大联盟)的球迷,觉着这是自己的个性,但如果写出下面这篇文章,读者会是什么感觉?

> 可以说 ×× 公司的 A 社长是比尔·沃尔什,×× 公司的 B 社长是与之相对的比尔·帕塞尔斯。这么想的话,在 A 社长下面有直接工作的 ×× 公司的 C 社长就是迈克·霍姆格伦了吧。

> 这么一想,C 社长不喜欢臭气熏天的下水沟盖板的生意,而执着于进攻西海岸,也是无奈之举。

这是一篇非常具有个性的文章,如果对方是美国人还好,而日本的大多数读者都无法明白,很可能只会给读者留下"不可思议的狂热分子"这样的印象。当然,其中可能也会有读者欣喜地发现"哇,志同道合啊",但恐怕这应该是极少数派(虽然很遗憾)。

虽然我们要有意识地将自己的个性作为给对方留下深刻印象的武器,但希望能够感知什么样的个性才能传达给更多的读者。

另外，面对不同的读者群体，自己觉得"不算什么个性"，但实际上却会成为惊人的个性。比如，面向20~25岁女性的文章，如果写作者是中年男子。

- 首先性别不同。
- 拥有昭和时代的记忆。
- 有孩子。

这些对本人来说是极为平常的事情，有时对读者来说就是个性。相反，某集团里的个性事件到了其他集团中就会变成理所当然的存在。从这个意义来看，就会明白第1章论述的理解读者的重要性。

本章中，为了写出"能留在记忆中的文章"而讲解了各种技巧和心理准备。虽不用多说，但这里的方法说到底也只是原则论，绝不能涵盖所有的场景。希望大家能根据实际状况进行相应的临场应变。

第

4

章

符合目的结构、风格

并不能因为整体上包含相同的内容而按照同样的顺序和风格来写。我们需要一边意识到目的和读者的情况一边采用促进理解和行动的结构、风格。

案 例

高田优子是系统服务公司 AtoZ 系统公司的中坚业务担当。最近，业内竞争日趋激烈，既要开展新业务还要维持老顾客，忙得脚不沾地。

即使是忙到极点的高田，也依然因为令人心情爽朗的待人接物态度、口齿伶俐的应答、优美的声音等而受邀在公司内部召开的面向新客户的研讨会上发言。

有一天，高田收到了研讨会的确认邮件，发件人是业务部的新员工田中，他是研讨会的事务方的会议主持。

件名：关于演讲准备

高田先生：
拜托您登台的日子逼近了，就在明天。

事前有些事项需要和您联系。
请多多关照。

首先与会人员如下，一共26家公司，很多企业派来了部长职位以上的管理人员。您看一下就明白了，服务行业和制造业大约各占一半。年龄大多数在45岁到55岁之间。虽来自不同部门，但基本上都来自企划和人事这样的行政部门。

A 公司 / 人才战略室 / 经理
B 公司 / 合伙人
C 公司 / 事业战略 / 主管部长
D 公司 / 企划统筹 /Global Project Leader
E 公司 / 间接资产调配部 / 教育负责人
F 公司 / 社长室 / 室长
G 公司 / 总部本部 / 部长
H 公司 / 经营企划部负责人 / 董事
I 公司 / 咨询室 / 高级企业顾问
J 公司 / 人事总务部 / 部长
K 公司 / 投资 / 监督
L 公司 / 人事 · 总务部 / 负责人
M 公司 / 全球市场本部企划部 / 经理
N 公司 / 顾问团 / 企业顾问
O 公司 / 经营企划室主事
P 公司 / 营业本部 / 董事
Q 公司 / 人事总务管理部 / 系长
R 公司 / 市场营运部 / 策划人

S 公司 / 人事部履历开发团队 / 部长代理

T 公司 / 化学品第二本部事业部人事室 / 经理

U 公司 / 中期经营计划策划部 / 业务负责人

V 公司 / 经营企划室 / 室长

W 公司 / 社长室 / 社长室长

X 公司 / 生产统筹本部 / 人事总部经理

Y 公司 / 新品事业部 / 副部长

Z 公司 / 企划本部 / 负责人

时间：14:10开场，14:30开始签到。池田部长介绍高田先生之后，接下来就交给您了。演讲将持续到16:00。最后，请把话筒交给池田部长。

另外，池田部长因为要去拜访客户，开场时可能回不来。这样的话，会由我为大家做介绍。

池田部长肯定能赶上最后的总结致辞，最后，请将话筒递给池田部长。

最后要拜托您，在做好准备的情况下，开始前10分钟请务必到达会场，非常感谢。

高田一边读邮件心里一边嘀咕着：

"什么？公司内部的邮件居然写得一本正经。除此之外，结构上也有问题啊。田中的指导老师是谁呢？这种文章的写法要是不好好加以指导，就麻烦了。"

解说

　　第2章论述了用事实支持主张的方法论。通读整章就会发现写的都是相同的内容，但通过不同的表达顺序和风格，读者的印象也会有很大不同，也会影响到读者是否会付诸行动。

　　本章中，首先介绍符合目的的结构、故事线，以及其构成的外形，后半章中会简单介绍结合了目的的风格。

考虑结构、故事线

　　首先来看一下用什么顺序来表达整体内容会更有效。如果是几行的短篇文章并不会多么重要，文章越长越重要。报告等具有一定分量的文章，这一部分的重要性更强。

　　来看一下本章开头案例的邮件中有什么问题。田中要向高田表达的最确定的重点是什么？恐怕就是演讲开始前10分钟到达会场吧。

　　虽说如此，却只在邮件的最后2行简短地写了写，文章的大部分内容都被出席者名单所占据。极为忙碌的人会根据不同人的分量来看是否停止认真阅读，最后2行只会被漏看。

　　本来，像这样的邮件，原则就是要尽早写出希望对方一定要读的内容。不能按照"补充信息 - 必达事项",而要按照"必达事项 - 补充信息"的顺序来写。电子邮件中,如果做3次屏幕滚动最重要的内容还没有出现,就是不合格。

　　这封邮件,不仅表达顺序不合适,分量上也有问题。人都习惯性地认为使用更多文字加以说明的都是重要的事情,但这封邮件在本来就很长的名单上又加上了一看就明白的说明。作为写作者的田中,可能想为忙碌的高田总结信息,但这样的情况下,就变成了在难读的长篇邮件中又添加了低附加值信息的文章。高田的叹息也不无道理。

　　如果像下面这样写,应该会成为更符合目的的邮件(关于后述的风格也做了些许调整)。

修正例

件名:关于演讲准备

高田先生:
拜托您登台的日子渐渐逼近,就在明天。

当天预计从14:30开始,但因为要做各种准备,还请您14:20之前到达会场。

具体流程如下:

14:10　开场
14:30　开始:池田部长开场问候,介绍高田先生→高田先生开始演讲
16:00　高田先生演讲结束→池田部长总结致辞

另外,因池田部长要拜访客户,有可能赶不上开场问候。这种情况下,我会做开场问候和介绍高田先生。望知悉。

以下是明天与会者名单，所以有时间的话请您过目。请多多关照。

——与会客户（26名）——
（以下略）

再看一个例子，虽然明白文章要表达什么，但因为结构的原因而难以理解文章内容。这是一篇下属发给上司的关于自己目标的文章。

今后应该埋头研究的事情

从前，有位前辈曾经说过"你不会专业而积极地行动，而是倾向于被动"。
回顾自己的行为，我觉着自己平日里很少会积极收集信息。这一点上，同事 A 君会慢慢地总结出公司内部的群名单，主动发送信息，促进信息收集。另外，他和各种各样的人建立联络、热心于建立社交网络。公司内部有很多信息传递，所以和掌握信息的人发邮件打电话交流是可借鉴的，我需要自主地动起来。
客户企业也一样，公司外部人士发来的强制干预反而会制造沟通障碍，所以自己先主动联系更好。
通过这么做，引起"事由"、建立必要的社交网络。

另外，回顾现在的自己，我感到自己只有"拙劣的谦虚"和毫无根据的自信。
我想找到一位导师难道不是客观审视自身的最快捷径吗？因为我认为自己能做的事情、不能做的事情、对周围人的影响、他人的评价等等，都需要被冷静地审视。

目的不是"做什么"，而是结果会达到什么"状态"，通过想象，了解与此相关的人和组织等应该如何变化。
发生某些事的时候，要认真思考时间轴。这么一来，也会不自觉地考虑变化需要的时间。
总之，不要聚焦于"做什么"，而要坚定不移地将结果"想变成什么样"作为目标。

以上，请多多关照。

这篇文章并不长，差不多也能明白写作者的意图，但作为读者，很难明白整体结构或者个别段落之间的联系，读起来会感到压力。

比如，第1部分中自己主动发送信息这一内容和社交网络的内容混合了，总感觉不流畅。第2部分中"另外"这一接续词开头，但看不出和第1部分的关系，而且第2句过于突兀，不太明白为什么会得出这样的结论。并且第3部分前两句的联系较小，也很难明白和第3个句子有什么关系。

整体结构并不能令读者理解透彻。可以说作为读者的上司很难明白写作者希望获得什么支持。更进一步说，大部分的句子都以"我认为"开头，令人感觉认真程度、参与感有些薄弱。

下面的文章改变了文章结构、减轻了读者的压力。这里先列举一下发生大变化的要点。

•刚开始便列出整体结构，告诉大家会按顺序进行说明，在读者的头脑中植入关于内容的想象、期待。另外，如果加上小标题，写清楚哪一部分讲了什么就更明确了。

•3个部分各自的内容按照顺序排列。也就是说，尽量统一成首先"自己的现状"、其次写出"需要什么"、之后"为达目的具体应该做什么""上司期待的是什么"。但是，因为过于拘泥于书写格式整体看上去会单调，所以要想办法让表达上不给人单调感觉。

•改变3个大段落的顺序。自己明确优先使用的顺序。

•（此修改不是结构上，而是关于风格的修改）思考文章的目的，积极使用肯定的表达。

为了成长领导应该做的事

迄今为止，我有幸和各行各业的优秀领导交谈。考虑到自己和他们的差异，特别是在以下几点上存在巨大的差异。

• 发生某件事的时候，思考"该有的姿态"，并考虑时间轴。
• 兼具自信和谦虚。
• 在公司内外拥有强大的社交网络。

我总结了这三点差异，作为商业上的领导应该具体加强以下几个方面。如果日常事务中您有感到不足和在意的地方，请一定不吝赐教。

思考"该有的姿态"并制定时间轴

之前，总是只关注"做什么"，大多都无法带来最终希望的效果。

今后，首先坚定地看准"想变得怎么样"，也就是说，要坚定地看准做了什么之后的"状态"。通过这样的想象，再思考为实现目的的相关人员和组织应该怎么改变。这应该成为最重要的课题并投入相应的精力。

这么一来，不知不觉间就会考虑说服自己的时间和能够维持精力的时间等时间轴的事情，就能采取更恰当的行动。如果能给予适当的指导，真是万分荣幸。

兼具自信和谦虚

如果回顾自己的行为，我感觉只有"拙劣的谦虚"和毫无根据的自信。

"拙劣的谦虚"是指自己不成熟且没有自信，和知道自己具体能做什么不能做什么的状态不同。另外，毫无根据的自信不是留下某种业绩、努力这样的自信，而是"总会成为什么的"这样的毫无根据的乐观。

今后，我已做好心理准备，要冷静地思考现实（自己能做的事情、不能做的事情、自己的发言对周围的影响、来自他人的评价）、增长必要的技能。

为此，找到合适的指导者难道不是客观审视自身的最快的捷径吗？第二就是将它当作重要课题付出行动。如果您有合适的人选，请一定介绍给我。

在公司内外拥有强大的社交网络

最后，现在的自己还不具备发生某些事情的时候能为我提供帮助的社交网络。

为了经营社交网络，首先需要在公司内部建立能马上向有信息的人发邮件打电话相商的关系。

为此，自己发出的信件也很重要。因为通过发信件，自己能被人所知，也能收到组织成员的回应。

顾客企业也一样，包括让对方了解自己的目的在内，发送信件难道不是关键所在吗？

关于这点，想拜托您给予适当的反馈。

关于以上三点，这是我积极思考后的看法。请一定不吝赐教。

人在读书时，会一边预测下面的内容一边阅读（第1章中出现的目录和标题是最典型、最方便的工具）。

我们阅读的文章中都会有几条典型的线。根据不同情况分别利用这些线，内容会快速出现在读者的大脑中，阅读也会更加流畅。

故事线的作用

考虑文章结构时，发挥作用的是展示了故事发展顺序的故事线这个概念。故事线的作用是自然地为读者导入文章内容、令读者更容易理解、并导向行动。故事线可用于日常的文章，也可用于使用办公软件制作的广告策划案中。

以下的例子是自然的故事线，换言之就是沿着读者的预测而发展的故事线。

- 整体→个别（→再确认整体）。
- 导入→问题意识→重点（→总结）。
- 绪论（导入）→本论→结论。
- 结论→理由（→具体措施）。
- 起承转合、序破急。

其中也有采用套匣式结构、复合的例子。比如：

- 绪论（整体）→本论（个别部分1）→本论（个别部分2）→本论（个别部分3）。

虽然有各种类型，但最后的重点是令读者准确理解重要观点（特别是促使行动）的同时，也能实现"一气呵成"地阅读。不是要大家在所有地方都用一种类型，而是希望大家为了能自由使用各种故事线做好准备。

实务的故事线

如上所述，故事线多种多样，但这里我想介绍4种商务文书中经常用到的、具体的类型。

一、自上而下型

第2章"开头案例的修正"很典型，忠于金字塔式，先说出结论，接下来再阐明依据和进行论述 (图表4-1)，大多会在最后以追加得分的方式再次提出结论。读者如果是像经营者一样具有时间观念的人、具有一定的背景，这种方式非常有效。

图表4-1 自上而下型

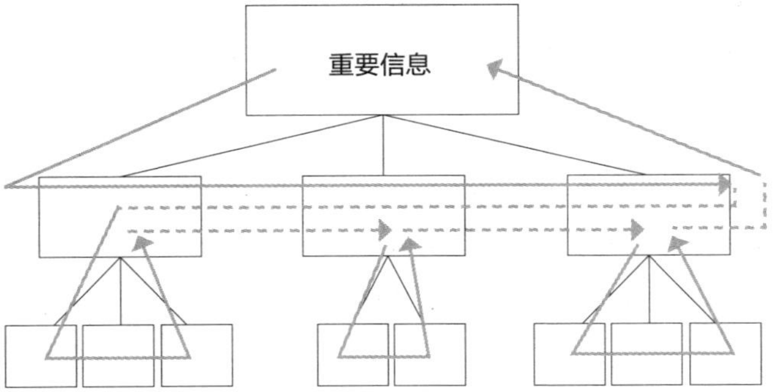

从书写人的角度来看，因为原封不动地移植了金字塔形状，所以这种写作方式考虑文章结构的压力较小。另外，采用这种风格，很多时候会使用绪论来进行简单讲述。

例：业务出售提案。

绪论：X 业务的存在方式有问题。

↓

结论：应该出售 X 业务。

↓

理由1：看不到 X 业务的未来发展。

理由1的依据1：无法向海外发展，接下来市场因少子高龄化的影响等不断缩小。

理由1的依据2……

↓

理由2：出售 X 业务对全公司影响小。

理由2的依据1：X 业务不是公司的主营业务，和其他业务的协作少。

理由2的依据2……

↓

理由3：可以回避裁员等伤筋动骨的问题。

↓

理由3的依据1：已暗中接触能接收全部员工的购买方。

理由3的依据2……

↓

结论（再确认）：应该出售 X 业务。

二、解决问题型

指出问题、分析原因的基础上提出应该采取的解决方法。首先抓住读者关心的要点、引起兴趣，条理清晰地分析原因之后再提出解决方式，增强说服力。过程非常明确，所以在读者有时间的情况下会非常有效（图表4-2）。

例：面向财务咨询公司的意向客户的文书。

提出问题：贵公司不采用 PDCA，解决问题时会陷入被动。

↓

分析原因：贵公司的管理职位虽实行了听证会制度，但仍停留在旧式的 KPI（关键绩效指标）的测定上，并没有根据各业务的特性来设定、测定和报告具有差异化的 KPI。换言之，并没有实行经营状况"可视化"。

↓

提出解决方法：在设定、测定、报告与贵公司各业务特性相符合的KPI 之外，应该迅速和解决问题相连接。

↓

行动：我公司在这样的财务管理、经营制度改革的咨询上有丰富经验，望采纳。

图表 4-2 解决问题型

提出问题	what（has happened）
分析原因	where, why
提出解决方法	how
实行	how（详细）

另外，这样的故事线，也容易应用到商学院等用到的事例研究法报告中。这是因为，事例研究法在商务中（特别是解决问题的情况下）的大多数情况里都能集中到两个问题上。

- 问题是什么？为什么会出现问题？
- 怎样对行动计划进行描述？

三、起承转合（序破急）型

这种方法论是对现状表示某种程度的同意的基础上，提出依据、表达想表达的信息，最后再进行总结。起承转合原本是汉诗、散文、短篇小说等用到的故事线，加上变化，慢慢营造高涨的情感。（图表4-3）

而且，在突然写出结论会破坏读者心情的文章中（如劝读者从热爱的事业中退出，对客户来说是刺耳的劝告等），以及需要读者认清现状、扫平外围时非常有效。

"序破急"中"序"相当于"起承"，和起承转合相比，这种形式更急于得出结论。与此相反，也有应该称为"起承转合"的更加凝练的结构。这是指在本论部分加上起伏，重复几次达到固定在对方头脑中的效果。

另外，即使顺序上有起承转合，如果想重新建立结构，整体来说第2章中介绍的金字塔式更为理想。

图表4-3 起承转（序破急）型

起	共有现状、背景
承	
转	转机、高潮
合	结论

例：关于事业 A 的对策。

起：事业 A 停滞不前。

↓

承：与此相关联，引起 ××× 的问题，担心对其他事业产生恶劣影响。

↓

转：但是竞争对手 B 公司 ××× 的投入获得了成功。另外，市场上发出了以下声音。

↓

合：关于 A 事业，这样下去会逐渐恶化。一旦忘记了之前的做法，难道不应该快速实行下述对策吗？

四、故事型

"这是因为……"的句式不是要展示理由，而是认真解说能唤起读者想象的故事、刺激人们积极而生动的感觉时使用的方法。

故事比较容易加入讲述人强烈的感情和思想，借助相互增强的效果会更容易使对方动情。另外人们确实习惯用故事来记忆相关联的事情，所以如果能写出好的故事，则会转化成读者的长期记忆，更容易使人付诸行动（并且也更容易向别人解说）。

实际上，即使使用"××× 概括。理由1、理由2、理由3、理由4……"

或者"×××概括。对策1、对策2、对策3、对策4……"进行说明，人们依然会出乎意料地忘记。尤其是理由和对策在4个以上的时候，这种现象更明显。相比之下，故事不独立的个别事件，而是流畅的、相关联的表达，所以整体来看会更容易留在记忆中。

顺便说一下，柏琴在《打动人的50个故事》中使用了以下8个结构要素来表达故事的书写格式。

现状：我们和主人公一体化。

契机：发生了什么事、不再维持现状。

探求之旅：应对课题。

惊讶：找出压力和威胁的真正原因。

重大选择：因为夹板状态而左右为难。

高潮：决断、选择。

方向转换：决断的结果引起变化。

解决：方向转换成功。

将使用金字塔结构来思考的事情，放到满足以上所有8点的故事结构中绝非易事。但是，想给更多人留下强烈印象时，最好还是大胆挑战一下吧。

另外，也可以只将需要留下记忆的部分写成故事，而非整篇文章。

例：新战略的说明。

结论：今后，我们要按照 ××× 战略来运营项目。

↓

故事：如果实行了这个战略，顾客会出现 ××× 一样的反应。对此，我们要实行 ×××，这将进一步带来 ××× 的效果。这将更进一步……而且最后，会达到 ××× 的理想，大家一起走向幸福。

↓

结论（再）：实现这样的事情，以长期的竞争力维护和组织激活为目标。

五、故事线的例子

这里将从故事线的观点来看一个例子。这是笔者在自己公司的线上杂志（读者群主要是关注经营的中层）上写的2000字左右的专栏。目的是通过实例让大家感觉到经营理念对员工动力的冲击，让大家将其作为参考。而且，因为这个专栏是连载，所以还有一个目的是让法人、顾客、社会名流们知道我们重视经营理念。在这个意义上，不是迫使大家直接采取短期行动的文章，而是"迟效型"文章，希望大家能当一个参考。

公文教育研究会"以培养健全、有用的人才为目的，为地球社会做贡献"

公文式教育的学习者在国内有150万人、海外有270万人。支持着公文式教育开展
到全球50个国家的是该公司的理念和赞同这一理念的每一个人。这次，大家来看
一下公文的强烈经营理念吧。

公文的理念
我们
发现每一个人
被赋予的可能性
通过将这一能力最大化
以培养健全、有用的人才为目的
为地球社会做出贡献

学习"生的力量"
KUMON 号称在全世界有大约2万5000间教室和420万以上的学习者。我们读
者中应该有很多人曾经本身就是使用者，现在自己的孩子也在使用。近年来，随
着服务内容和对象的年龄层不断扩大，众所周知占据其核心的是公文式教室中的
"算数、数学""国语""英语"（在日本）的儿童教育。

公文的独特点非常多，但其中首先提到的应该是不以所谓的"考试教育"优先。
该公司希望学习者掌握的是"（将来的）生的力量"。其基础是基本的学习力（阅
读能力、逻辑思考力等）、自我肯定感、自发的学习态度。为了培育这样的心力、
能力、态度，采用被称为"公文方式"的独特教材和教育方法。

"结合每一个人""快乐""鼓励""有自信""自发的干劲"——表达公文方式的
关键词非常多，但提高上述的基本学习力、自我肯定感、自发的学习态度，最终
提高"生的力量"从未改变过。

公文教育的创始人公文公（KUMON TOORU）原本是高校的数学老师。公文方式是从他为自己上小学的孩子编写独特教材开始的，用了超过50年的岁月重新洗刷了一遍。

期间，好像有很多人希望能"使用更适合考试的教材"，但公文断然拒绝了这种要求。这是因为他眼光长远，对提高孩子"生的力量"具有强烈的执念和信念。这样的信念一定存在于牢固的基础之上。

为什么只有这个广为人知？"公文采用了主场方式"这也是经常说到的话。成功的主场需要若干条件，但其一就是确立了窍门和方式、可靠性高。但是，仅仅如此还不足够。

"干劲"产生"干劲"
另一个必要条件就是加盟者和相关人员的强烈动力（干劲）。正因为有动力，才能跨越困境、产生向前的想法。这些话在商业中也可共通，特别是在教育商业中，加盟者和相关人员（特别是老师）的动力具有更强的意义。

第一，动力会传染给顾客。大家回顾一下过去，有干劲的老师们的讲课方法和没干劲的老师上课相比，应该是更加有趣、学习力更强（当然，前提条件是身怀相应的技能）。

尤其是公文的教育对象大多是孩子。孩子比大人更敏感，他们会感知大人的姿态，无论好或者不好都会进行模仿。以植入自发学习的姿态和自我肯定感为目的的公文教育，如果加盟者和老师（多为兼顾）没有强劲的动力，就无法向孩子们传播干劲。

第二，在教育商业中，加盟者和老师等的动力增加会促进方式的提高。特别是处于未成熟的初期和谋求规模化的成长期时，收集较多有效反馈具有非常重要的意义。而且，公文教育是在20世纪60~70年代开始真正的增长，当时在最前线负责公文教育的员工，是虽接受过高等教育却常常在职业选择上受到限制的优秀女性。

她们不仅无法享受职业选择带来的好处，同时还具有为自己孩子提供良好教育的动机。着眼于有这种潜力的女性，将她们作为加盟者兼老师吸引进来，这对提高公文教育的方式起到了促进作用，在刺激孩子们的干劲上起到了增强效果，同时也支撑了公文教育初期的成长。

"好教育""好工作"相辅相成的幸运

那么，还有什么方法论能提高加盟者和相关人员动力呢？如果是具有组织行为学知识的人，作为具有代表性的鼓励，应该知道是金钱的奖励、和他人的良好关系、社会的评价、提供自我实现的场所等等。

对于不同的人，有效的方法也有所不同，一般来说，在维持良好企业文化的同时，为了长期鼓励众人，很多情况下有效的方法就是提供自我实现的场所。因为向世间提供价值的同时会具有自我成长的切实感受。

这时，重要的是给提供的场所和机会赋予积极的意义、不断地提供信息。

原首相田中角荣被问到年轻的时候为什么立志要从事土木工程业，他答道"因为土木工程业是'大地的雕刻家'"。也就是说，为土木工程这样乍一看很朴素的工作赋予"大地的雕刻家"这样的意义。这成了他自身的动力，另外也成了职员的动力（当然他也非常重视利益）。

笔者也是从事教育的人，教育这一工作原本具有无条件领先于别人的特性。"培育人""创造担当未来的人才""让可能性绽放"——说法可能有很多种，只要不是内容贫乏的案例，听到这些就不会有人说"这也是没办法"而固执己见。有这种特性的教育工作被赋予积极的意义时，人应该就会有强大的动机。

公文的理念
我们
发现每一个人

被赋予的可能性
通过将这一能力最大化
以培养健全、有用的人才为目的
为地球社会做出贡献

和公文教育提供的服务相结合，读者就能明白文章开头列出的公文的理念是真正的壮大、具有讨论性并且加入了对人的情感。实际上，创业者公文公要追求到底的最终目标是"教育创造世界和平"。

世界上的孩子们通过教育成长、实现自我、繁荣、为和平做贡献——一想到多数战争的原因是无知和贫穷，就能明白公文公的目标是否合理了。

公文教育能走进世界各国，原因不仅仅是给学习者带来实际的好处以及在日本的成绩。以加盟者和老师为代表的相关人员，因为大家口中的"好教育"进而很幸运地找到好工作，我们这么说也不过分。

这篇文章是专栏，并非一定要明确提示一个主张，所以并非自上而下型的故事线，而是以起承转合为基础的应用篇。写得更具体些就是：

序文→起→承→小转→大转→（稍微补充的事例）→合→总结。

采用了图表4-4的形式，这篇文章刚刚2000字，所以可以判断这种故事线容易阅读。重点是在灵活使用小标题的基础上，一定程度地跟随了读者的期待："之后该写这样的内容了吧？"同时，中间有所起伏，并想办法让读者一直读到最后。

个别部分的结构、顺序

前面讲到了整体结构这一巨大的话题，但关于并列要素的细节部分（战略的内容，组织的内容，流程、操作），需要我们思考用什么顺序来写更容易读懂。

图表4-4 "公文研究所"的故事线

序文

首先要引人注目

公文的特征

"起"的部分。交叉着不了解的内容

FC（特许加盟）的内容

"承"的部分

FC 形式以外的成功要因

小"转"。交叉着不了解的内容

其他提高动力的方法

大"转"。经营学的演习

田中角荣的事例

用稍有意外感的事例加以补充

教育事业和公文理念之间的关系

"合"的部分。掺杂着已写内容再次加深印象。主要的主张

总结

写出余韵

这里的要点是怎么做才能顺着期待自然地引导读者思考、意识到是否要读下文。以下是具有代表性的结构、顺序的例子。

一、顺应结构

这个方法适用于当各个要素的重要程度没有太大区别的情况。

比如，解说市场4P的时候，从需要在自己公司内部完成的主题产品、价格开始，到介入者的宣传，以及和顾客交易的流通，很多人都会按照这样的顺序展开论述。

如果要阐述不同地区的营业状况，从东边开始按照顺序是北海道分公司、东北分公司、关东分公司……或者从西边开始按照顺序是九州分公司、四国分公司……这样展开论述的例子也不在少数。

像优点→缺点、强项→弱项一样，一般会按照喜欢的事情→不喜欢的事情的顺序展开论述，不同情况下，也可以按照不喜欢的事情→喜欢的事情的顺序。

二、按重要度排序

结构上对等，但重要程度有很大差异的情况下，也可以按照重要程度的顺序进行阐述。比如，以市场强大为武器的制造商，没有采用（结构上的顺序）价值链的顺序，而是按照重要程度采用了市场→商品开发→物流→生产的顺序，对于读者来说，这样的顺序更易理解。

或者各事业部的业绩报告，按照对公司来说的重要程度来排列效果更佳。另外第4章"为了成长领导应该做的事"的例子是按照写作者认为的重要课题的顺序展开的。

三、按照时间的经过

事情发生的顺序等，是时间系列的书写方法。过去→现在→未来这样的顺序，可以说是符合人类感觉的叙述方法。

四、按照惯例

虽然很难说明为什么采用这个顺序，但这个顺序已经成为惯例，所以这样进行说明，不会违反读者的预想，而且更易读。学校的科目国语→数学（算数）→理科→社会→英语等就是典型的例子。当各项要素的重要程度有较大差异的时候，这种做法更有效果。

另外，遵循惯例的顺序实际上是常用的方法，改变这一惯例，可能会让读者卷入复杂的感情之中。比如，事业部业绩报告中，之前一直按照成立年份 A 事业部、B 事业部、C 事业部的顺序，因为 A 事业部进入了衰退期，便以此为契机将销售额高的其他事业部提前，A 事业部排后。"按照重要程度的顺序"原则是完全合理的，但合理却不合适，才是人真实的感受。希望大家能注意到顺序往往展示了写作者的价值观和秩序感，或者如展示的那样被人所接受。

整理易读的外形

第1章中也曾写过，外形看上去不给读者增加负担或者看起来就想读，都是重中之重。专业编辑着手的书籍等采用了大多数读者易读的体裁，但一般的商务人士自己书写的、没有经过专业检查的文章，比如邮件（包括电子邮件杂志）、博客和报告等，往往只看外形就失去了读下去的想法。比如，像以下这样的邮件。

▲

今天介绍一本推荐图书——顾彼思的《商业假设力的磨炼方法》。在商业中，提高企划案的说服力、提高商业速度和精度时有必要设立假设并进行检证，但实际执行就没那么简单。即使头脑中理解假设检证这一词汇和其有效性，但有不少人依然停留在自己的方法上，无法和商业效率相结合。

这次介绍的这本书，在意识到这些问题的基础上，用一定步骤展示商业中假设检证流程的同时，介绍了设立具有高独特性的假设的要点、有效实行检证操作的要点、通过假设检证进行方向修正的要点等。并且，对假设检证力渗透进组织、提高企业生产性的团队建设方法、管理的作用进行说明。通过本书，从新进员工到管理者的广大人群应该都能获得从"明白"商业中必要的假设力到"能使用"假设力。请一定阅读并推荐给您周围的人。

内容本身没有太大问题，但乍一看会感觉"不好读"。其原因就是没有换行，而且只分为两个段落，外形上看着难以阅读。

只要稍微分下段落会更易读。

◉

今天介绍一本推荐图书——顾彼思的《商业假设力的磨炼方法》。

在商业中，提高企划案的说服力、提高商业速度和精度时有必要设立假设并进行检证，但实际执行就没那么简单了。

即使头脑中理解假设检证这一词汇和其有效性，但应该有不少人依然停留在自己的方法上，无法和商业效率相结合。

这次介绍的这本书，除了意识到了基本问题外，关于：
• 设立高独特性的好假设的要点。
• 有效实行检证操作的要点。
• 通过假设检证进行方向修正的要点。

以上这些，本书在用一定步骤展示商业中假设检证流程的同时进行解说。

并且，对假设检证力渗透进组织、提高企业生产性的团队形成方法、管理的作用进行说明。

通过本书，从新进员工到管理者的广大人群应该都能获得从"明白"商业中必要的假设力到"能使用"假设力。

请一定阅读并推荐给您周围的人。

　　下面，对本部分中易读的文章体裁分为以下2点。

　　• 使用合适的小标题、易读的布局。

•适当设计缩进。

前者有部分和第1章的解说重复，但我想带着确认的意思重新论述。

一、使用合适的小标题、易读的布局

希望大家能有意识地使用乍一看就能明白，并且令人有继续阅读欲望的结构。这一结构的要点就是使用小标题和合理布局。

首先来看一下没有使用这一结构的例子。下面是某篇报告文章，1000多字，并不算长篇文章，但对于忙碌的商务人士，能有阅读欲望的人并不多吧。

⊠

推理带来的记忆强化

请试着去思考一下下面 A 的例子。A 阅读杂志的时候，看到了下面的报道。

"小 B（已逝）的父亲平日里遇到小事也会大怒。从附近居民的证词中可以看到，有一天小 B 睡觉时哭闹得没完没了，父亲粗声粗气、情绪难以控制。小 B 的遗体就是第二天发现的。"

"父亲一定是杀人犯。这样一来，小 B 也太可怜了。"

这就是"推理带来的记忆强化"陷阱。相比直接或者具体地讲述故事，发挥推理和想象的方式更容易留下记忆。笔者也喜欢东野圭吾的代表作《白夜行》，书中几乎没有写两名主人公的交流场景，但通过其巧妙的书写风格，读者通过一边想象两名主人公的亲密关系一边继续阅读，而留下了强烈的印象。读者只留下强烈的记忆还可以，但如果进行了错误的推理，有时会带来不希望看到的结果。开头讲到的杂志报道，单纯来说就只是父亲前一天发怒和第二天小 B 死亡，并非记录父亲暴力行为。但这里产生了推理和想象的空间。相比单纯理解具体描写的事情，推理和想象更对接受者的头脑提出要求，这反倒把"自己想出来的事情"和留下深刻印象联系起来了。在这件事中，即使不是 A，也可能进行"父亲对小 B 使用了暴力"的推理，大脑中也就会浮现出这样的场景吧。如果这是事实，伤害还小一些，但如果周刊杂志的报道只是在错误方向上的臆测，读者可能会突然间在脑海中将无罪的人设定为嫌疑人。

商业中也经常会发生这样的事。比如 C 惹怒了顾客，不久这位顾客就停止了交易，很多人会展开推理，认为是因为 C 惹怒了客户所以才会被停止交易。当然也有这种可能性，的确可能是这次事件造成的，但也有可能停止交易已经是既定事实，无论是否有 C 这件事交易都无法逃脱被停止的命运。如果是这样，最应该责备的就不是 C，而是和该客户接触最紧密的人。然而，很多情况下，冰冷的目光会投向 C。这种推理和想象特别会在时间类的因果关系上发挥强烈作用。人原本就是喜欢故事的动物，故事大体上是按照时间来写的，如果故事中出现飞跃，人就想填充完整，因为不填充完整心情就会很差。反过来说，如果故事走向了错误的方向，人就会进行错误的推理，而且会记住它、传播它。在世间广为流传的阴谋论等多为这种类型。比如，"肯尼迪想反对在战争中积蓄金钱的军工产业的意见，要结束越南战争。而且，肯尼迪在达拉斯被暗杀"这类故事。很多人都会把原本可能性多、容易留下记忆的事情口口相传。

近来，作为强化组织文化、传达战略意图的道具，故事非常引人注目。但是，希望大家注意，如果用错了方法，和"推理带来的记忆强化"相互影响，可能会把人带到不利的方向上。

　　内容本身并不会让人感到奇怪，但总让人感觉憋住了气息。读到最后，即使想回过头去阅读在意的地方时，却很难找到写在哪里了。

　　为了让读者意识到整体写了什么、为了更易读，希望大家能写成如下的样子。开头加入序文，设置能让读者想象后面内容的小标题，整篇文章中使用换行。虽然文本的内容变化不大，但易读性却有天壤之别。这样的改动，给文章带来了巨大的差别。

◉

故事经营的陷阱——推理带来的记忆强化

近来，作为强化组织文化、表达战略意图的道具，故事（物语）非常引人注目。但是如果用错了方法，和"推理带来的记忆强化"相互影响，可能会把组织带到错误的方向上。我们一边看案例一边来讲解一下这个陷阱。

A 的推理是否正确

首先，请先读一下 A 的案例。A 的推理是正确的吗？

A 阅读杂志的时候，看到了下面的报道。

"小 B（已逝）的父亲平日里遇到小事也会大怒。从附近居民的证词中可以看到，有一天小 B 睡觉时哭闹得没完没了，父亲粗声粗气、情绪难以控制。小 B 的遗体就是第二天发现的。"

A 认为"父亲一定是杀人犯。这样一来，小 B 也太可怜了"。

何为"推理带来的记忆强化"

A 可能掉进了"推理带来的记忆强化"陷阱之中。"推理带来的记忆强化"是指相比直接或者具体地讲述故事，发挥推理和想象的方式更容易留下记忆。比如，笔者也喜欢东野圭吾的代表作《白夜行》，书中几乎没有写两名主人公的交流场景，但通过其巧妙的书写风格，读者通过一边想象两名主人公的亲密关系一边继续阅读，而留下了强烈的印象。

读者只留下强烈的记忆还可以，但如果进行了错误的推理，有时会带来不希望看到的结果。

开头讲到的杂志报道，单纯来说就只是父亲前一天发怒和第二天小 B 死亡，并非记录父亲暴力行为。

但这里产生了推理和想象的空间。相比单纯理解具体描写的事情，推理和想象对接受者的头脑提出更高要求，这反倒把"自己想出来的事情"和留下深刻印象联系起来了。

在这件事中，即使不是 A，也可能进行"父亲对小 B 使用了暴力"的推理，大脑中也会浮现出这样的场景吧。如果这是事实，伤害还小一些，但如果周刊杂志的报道只是在错误方向上的臆测，读者可能会突然间在脑海中将无罪的人设定为嫌疑人。

商业中经常发生的短路思考
商业中也经常会发生这样的事。比如 C 惹怒了客户，不久这位客户就停止了交易，多数人会展开推理，认为是因为 C 惹怒了客户所以才会被停止交易。

当然也有这种可能性，的确可能是这次事件造成的，但也有可能停止交易已经是既定事实，无论是否有 C 这件事交易都无法逃脱被停止的命运。如果是这样，最应该责备的就不是 C，而是和该客户接触最紧密的人。然而，很多情况下，冰冷的目光会投向 C。

故事是可能引导至错误方向的双刃剑
这种推理和想象特别会在时间类的因果关系上发挥强烈作用。人原本就是喜欢故事的动物，故事大体上是按照时间来写的，如果故事中出现飞跃，人就想填充完整，因为不填充完整心情就会很差。

158

反过来说，如果故事走向了错误的方向，人就会进行错误的推理，而且会记住它、传播它。

在世间广为流传的阴谋论等多为这种类型。比如，"肯尼迪反对在战争中积蓄金钱的军工产业的意见，要结束越南战争。而且，肯尼迪在达拉斯被暗杀"这类故事。很多人都会把原本可能性多、容易留下记忆的事情口口相传。

如开篇所述，近来，经营中灵活使用故事越来越受欢迎。但是，希望大家注意，如果用错了方法，和"推理带来的记忆强化"相互影响，可能会把人带到不利的方向上。

另外，这一修正案例中小标题的位置和标题的格式从头到尾都应一样。如果大家要写，请一定认真思考在哪个地方加入什么标题。

二、适当设计缩进

商务文书中，为了简洁易懂，要有意识地积极使用缩进和分条目等。这是写作者自身所希望的，但常常用起来不顺利，看不到整体的层次结构。

看一下下面的例子。

全球性的航空公司，即使在全行业都是众所周知的最佳企业，这就是西南航空。人们往往会关心职员独特的行为表现和人事制度，但其高收益的背后还是符合规律的战略，总结如下。

○采用适合战略

○低成本战略

– 彻底削减人工费之外的费用

– 最小限度的物理服务

• 不和其他航线一起调整时间、不运送货物

• 机舱内不提供食物

○ Up in air（尽可能多地留在空中）

– 提高飞机的运转率（增加飞机数量）

• 缩短折返时间、缩短准备时间、迅速清洁、迅速加油

• 迅速落座（完全自由座位）

• 减少无偿的随身行李

• 使用空的机场

– 定时起降、正确的航运时间

○充满热情和幽默地接待客人

– 职员的行为表现

– 穿着便服等等

这篇文章中完全没有使用缩进，所以乍一看根本不明白其中的层次构造。读者可能会明白"○"标注的地方是大项目吧，但"-"比"•"标注的层级更高吗？如果不认真读内容就无法判断。另外，上面的例子中，"○"表示大项目，名词结尾和谓语结尾混杂在一起，所以视觉效果很差。

如果这篇文章像下面一样明示层级结构，相同层级的内容无论是否采用名词结尾都会有统一感。另外，分条写的第1层级，有时会到第3层级，即使在有谓语的情况下，很多时候都不需要在最后添加句号。

◉

全球性的航空公司，即使在全行业都是众所周知的最佳企业，这就是西南航空。人们往往会关心职员独特的行为表现和人事制度，但其高收益的背面还是符合规律的战略。总结如下：

■ 采用适合战略

■ 低成本战略
  – 彻底削减人工费之外的费用
  – 最小限度的物理服务
    • 不和其他航线一起调整时间、不运送货物
    • 机舱内不提供食物

■ Up in air（尽可能多地留在空中）
  – 提高飞机的运转率（增加飞机数量）
    • 缩短折返时间、缩短准备时间、迅速清洁、迅速加油
    • 迅速落座（完全自由座位）
    • 减少无偿的随身行李
    • 使用空的机场
  – 定时起降、正确的航运时间

■ 充满热情和幽默地接待客人
  – 职员的行为表现
  – 穿着便服等等

这样一来，不会给读者过度的负担，作为文章也会更加精炼。我想很多人可能已经察觉到了，灵活使用这种缩进的文章反映出了金字塔结

构。也就是说，正确使用缩进等来展示文章的构成，与正确表达逻辑结构息息相关。

选择符合目的的文章风格

风格是指贯穿文章的语调、语气、用词选择，表达出了文章的氛围。如果是哀悼的文章，需要沉重的哀悼之意；如果是激励的文章，就希望是积极的、充满干劲的风格；第3章摘录的就职演讲稿，就要求充满了庄严、严肃、自信的风格，比如多使用文学性强的词汇，第3章中讲述的修辞法也得到了积极的应用。

本章开篇的案例是公司内部发送的邮件，所以再稍微柔和点儿也没问题，但是因为写作者是新人，应该采用比平时更恭敬的风格。这种情况倒也不会发生问题，但相反面向公司外部的人时，如果采用了不符合情况的自来熟风格，会被怀疑是"公司行为"。

从这里我们可以看到，最能左右文章风格的是这篇文章的目的、前提、写作者和读者所处的环境。比如人事部要在就职信息网站上刊登面向学生的介绍公司的文章，在意识到想让作为读者的学生持有什么样的印象、想让什么样的学生进入公司等的基础上，分开使用下面的风格会效果显著。

• 让对方觉得我们是专业的公司。

→格调稍高的伶俐风格。专业用语用到令人难以忍耐的程度也可以。

• 让对方觉得我们是容易亲近的公司。

→友好的、快乐的风格。多少有些口语风格也可以。

• 让对方觉得我们是处于成长中的发展型公司。

→充满活力的、年轻的风格。

如果第3种目的的文章写成下面这样事务的、官僚的风格，就很难表达出公司的魅力，无法招募到想要录用的学生。

❌

各位同学：

A公司创立于××××年，从去年开始招募应届毕业生。我们提供解决新时代IT业务问题的服务。

要录用的应届毕业生，首先要有能力负责以下业务。等待大家的简历。
1）主页的企划、设计、运用管理、联络调整相关业务。
2）文书档案的企划、设计、运用管理、联络调整相关业务。
3）上司指示的其他业务。

虽然也要根据刊登文章的媒体性质做出反应，但这里更适合以下风格。

致各位同学：

A 公司是创立于 ×××× 年的年轻公司，从去年开始招募应届毕业生，发展顺利。
请一定加入我们公司，为更多企业提供解决新时代 IT 业务问题的服务。

要录用的应届毕业生，刚开始主要负责以下业务。无论哪一项都是具有无限发展性、
提供价值的业务。请充分地开动大家年轻的大脑，如能一起创造新事物则倍感荣幸。

1）主页的企划、设计、运用管理、联络调整相关业务。
2）文书档案的企划、设计、运用管理、联络调整相关业务。

期待充满活力的学生们加入应聘活动。Come and join us !

希望大家能意识到风格对读者印象的影响远远超过写作者本人所想，因为读者能从文章的风格中感受到写作者的品格和思想。

关于文章风格的注意事项

下面，记录一些关于风格的几点注意事项。每一点都是应该做到的，但我们往往并不会遵守，希望大家注意。

• 避开感情风格。
• 风格要尽量贯穿整篇文章。

・结构和风格相结合。

比如，如果是自上而下型、解决问题型、用逻辑减少无用功的风格适用第3种，但如果是起承转合型和故事型，相反更容易适用感情风格（当然，不必盲目对应）。

风格就像拳击击打对方的上腹部一样，对文章的有效性发挥重要作用。再次重申一下，希望大家能在意识到以上注意点的基础上，选择符合目的的合适风格。

第

5

章

写简洁易懂的句子

句子简洁易懂可以说是"写作者的礼仪",这虽不是文章的本质却也不会使读者的精力被消耗,即使不能称其为美文却也是具有最低品格的文章。

案 例

近藤胜是刚入职的企业顾问,研究生毕业之后作为应届生加入了现在的企业顾问公司,虽然还在学习,但已经完成了普通的公司内部研修,以末位的身份参加了某项目。

项目客户是某食品公司,在业界中处于中等水平,但绝不会生产大批商品,而是以模仿战略勤勤恳恳地生产和上层企业类似的商品来获得销售额。

7月,近藤提前休暑假,去关西旅行。对出身于北海道、在东京上大学的近藤来说,关西是他从来没有踏足过的地方。第一天在奈良旅行,第二天去了京都，在访问了金阁寺、银阁寺等著名的景点之后，近藤来到了商店。因为喉咙干渴，便想买点茶饮料。

这里有一种商品吸引了近藤的注意，那就是有绿色和金色条纹"YONTORI 乌龙茶"（虚构商品）。它和一般的包装明显不同，最不一样的是价格，一般卖150日元的商品卖到了500日元。具有强烈好奇心的近藤立刻购买了这一独特包装的"YONTORI 乌龙茶"试喝，很明显和一般的"YONTORI 乌龙茶"的味道不同。

近藤问这家商店的人："你好，这是什么商品？"

店里的人面向一副旅行者模样的近藤认真地讲解了该产品。

当时近藤只觉着"真是珍贵的茶啊"，但回到宾馆休息的时候，近藤的脑海中闪现出一个好主意，于是便快速地拿出智能手机，给老客户事务局的冲田发了封邮件。

冲田，我是 A 公司的近藤。

我遇见一个产品，并感受到了商业中的稀缺性。今天我去京都旅行看到了绿色和金色条纹花样的难得一见的茶500ml 的普通塑料瓶子的 YONTORI 乌龙茶1瓶卖500日元。为什么比普通茶饮料要贵得多其秘密就在于这是限量商品1年只生产1000瓶这才是它令人垂涎欲滴的原因。但是这1000瓶也不是永恒不变的在一定时期内总共生产1000也就是说时间数量都是限定的。喝起来口味本身并不像 YONTORI 啤酒那样浓厚但特别的味道和包装等和普通的 YONTORI 乌龙茶不同。贵公司也擅长小批量生产所以也应该有这样的创意。

几分钟后，冲田收到邮件，原本想快点读完，但看了一眼就产生了想拒绝的想法。

"这什么邮件？恐怕是用手机急匆匆地写出来的，但这么难读的文章还真是少见。虽像是近藤提出的方案，但给客户提案，希望能写得再稍微认真点。"

解说

本章的内容也是很多文章书籍都会书写的部分，这部分会介绍关于个别句子易读的表达。另外，会简单地说明写文章时要花的功夫和心思。为了方便，这里使用了"句子"一词，希望大家能意识到严格来说有两种情况，一是从"句号"到"句号"的内容，二是从几十个字到几百个字的内容。

这里所说的"易读的句子"意思是指"如果要表达相同的内容，不依靠文章本身的解释也能顺畅地阅读"。

这样一来，可以说开头列举的近藤的文章是劣质文章。如果是你，会怎么增减内容？在这之前，大家能否理解写作者想要表达什么内容？

他想表达的好像是客户企业是否也该考虑开发限定时间、限定数量的高稀缺性商品。但最后的句子"贵公司也……（中略）……应该有这样的创意"意思暧昧，我们无法判断是提案还是"贵公司内部难道没有具有这种创意的人吗"这样的推断。最后，读者不明白文章究竟想说什么，所以，文章在这一点上不合格。

虽然这是过去的事情，但很多人阅读时应该都会感到压力。这篇文章200多字，如果读1000字或2000字这种文体的文章，估计大部分人都要说"饶了我吧"。那么，这篇文章哪里有问题？选出几点列举如下。

- 几乎没有标点符号，所以晦涩难懂、韵律感差。
- 没有换行，所以难以把握阅读节奏。
- 平假名过多，难以判断"块状的意思"。
- 有多义的地方，比如第6行的意思是"和 YONTORI 啤酒一样味道不浓厚"还是"和 YONTORI 啤酒味道不同而不浓厚"。
- 连接词使用方法奇怪，比如第4行的"但是"。
- 作为文章有没写完的地方比如开头的"我感受到了商业中的稀缺性"。

这些都是只要稍加注意就能戏剧性地变成通俗易懂文章的要点所在。或许可以将这篇文章按照上述要点，重新写成一篇没有压力的易读文章，比如写成下面这样。

修正例

冲田先生，我是 A 公司的近藤。

我认为在商业中展示出稀缺性在营销上效果明显。比如，我今天去京都旅行，在一家商店看到有绿色和金色条纹花样的珍贵的瓶装茶饮料。令我吃惊的是500ml容量的"YONTORI 乌龙茶"一瓶售价高达500日元。

为什么会比一般产品价格高？秘密就在于这是限量商品。问过店家才知道，一年仅仅生产1000瓶。也就是说限定时间，只在特定的时间内生产销售。

味道方面，虽不像啤酒中的"YONTORI 啤酒"那样浓厚，但也有其独特的浓厚味道，和普通的"YONTORI 乌龙茶"明显不同。有了这点，狂热的人会立刻对其着迷。

贵公司也擅长小批量生产，所以模仿这个案例，在公司内部招募展示出稀缺性的创意岂不是很好？

　　这篇文章和最初的文章相比，整体内容明确，即使看到个别部分应该也没有不解的地方，也就是说，阅读过程中应该没有不顺畅的地方。作为商务人士，越是在没有时间的紧急情况下，越要以写出这样的易读文章为目标。

写让人感觉不到压力的文章

书写没有压力、易读的文章的要点总结如图表5-1。下面我们一边看案例一边简单介绍一下这些要点。在读的过程中，请一定要思考"如果是我，我会怎么写"。

图表5-1 没有压力、易读的文章的书写要点

- 一文一义
- 善用逗号
- 善用合适的连接词
- "完成"文章
- 使用更加简单的语言
- 使用符号令意思更加明确
- 考虑平假名、片假名、汉字的平衡
- 使用短句子
- 将文章轻量化，杜绝冗长
- 掌握好节奏
- 写地道的日语

一、一文一义

首先，作为商务文书的必要条件，需要准确无误地表达出一文一义即文章想表达的意思。另外，"一文一义"一词，有人用作"一个句子不能用于表达两个以上的内容"，但本书中用作"文章的内容没有另外的意思（没有多重解释）"的意思。

如开头列举的例子一样，"不像……那样"的"否定"句，因为可以被理解为不同的意思，所以希望大家能避开这一文体。虽然很多都可以通过文脉进行判断，所以无需过于敏感，但高度正式的文章还是要意识到这些要点。

比如，下面的句子有多重意思，所以重新读的时候，希望大家能花时间改为一文一义。

（A）例子中是相机的说明文，但感觉焦点有点奇怪。
（B）明亮的绿色观叶植物包围着的职场。
（C）Y公司规模庞大、直接进入会遇到阻碍的市场，采用了合资的方式。
（D）女性社会不断扩张，终生单身的人越来越多。这里面，少子化也继续发展。

从 A 开始按顺序进行分析。

（A）例子中是相机的说明文，但感觉焦点有点奇怪。

这句话可以看出两个意思。一个是相机的焦点功能有点奇怪，另一个是说明文本身应该重视的要点出现偏差。如果前后有所补充，还可以解释，但只从这篇文章这一行来看的话，读者会产生疑惑而无法判断。

如果是前者的意思，还可以这样写。

例子中的说明文，我感觉焦点功能那个地方的说明有点奇怪。

如果是后者的意思，希望能改成这样。

例子中的说明文，我感觉应该说明的要点有点偏差。

B 中"明亮"这个形容词是形容"职场"还是"绿色观叶植物"呢？在这个例子中，形容哪个都可以。

（B）明亮的绿色观叶植物包围着的职场。

如果是前者，需要像这样改变一下语序来明确形容关系。

明亮的、绿色观叶植物包围的职场。
绿色植物包围的明亮的职场。

如果目的是后者，最简洁易懂的写法是如下这样。

被绿色植物包围、氛围明朗①的职场。

这样一来，"明朗"明确地表示出要形容的词语。这是因为本来的问题是"明朗"这一形容词和"绿色的植物""（职场的）氛围"的形容关系就不易分辨。进一步严密地说，"明るい"形容"职场"时，有时

---

① 日语中是"明るい"——译者注

是单纯地表示"采光面明亮"。

如果目的是形容后者"明亮的"绿色观叶植物，加上辅助词意思就明确了。

▍ 亮色的绿叶植物包围的职场。

另外，在这个例子中还会出现以下这种写法。

▍ 明亮的绿色植物包围的，职场。

这样写，逗号的位置不自然，如果加入长篇文章中，反而使形容关系发生混乱而难以阅读，所以最初的修改方法更为自然。

而且，这里"明亮"是产生混乱的原因，所以如果"明亮"没有特殊的意思，可以改成特定的表达颜色的词等。

▍ 亮绿色的观叶植物包围的职场。

C是从真正的商务文章中摘录的句子，但看不出来这里的"庞大"是指 Y 公司还是指市场。

▍ （C）Y 公司规模庞大、直接进入会遇到阻碍的市场，采用了合资的方式。

一般都会认为是表达市场庞大，但总感觉难以理解，这样修改一下即可。

> Ｙ公司对规模庞大直接进入会遇到阻碍的市场，采用了合资的方式。
> 面对规模庞大、直接进入会遇到阻碍的市场，Ｙ公司采用了合资的方式。

这个例子中，更进一步说，"障碍"和市场的大小是不同的问题，无法判断是规模等造成的障碍还是市场庞大本身带来了障碍。如果目的是前者，这样写意思就明确了。

> 市场规模庞大、因管制等问题直接进入会遇到障碍，在这种情况下，Ｙ公司采用了合资的方式。

如果目的是后者，像下面这样写表达的内容会更明确。

> 对于规模庞大、公司难以单独开发的市场，Ｙ公司采用了合资的方式。

看一下 D 的例子。

> （D）女性社会不断扩张，终生单身的人越来越多。这里面，少子化也继续发展。

其中，"这里面"是指哪里，表达暧昧不清。不仅是这个例子，明确代词指的是什么是写作者的责任。

这个例子中，按照字面来读的话，终生单身的人越来越多可以理解为少子化的直接原因，但按常识来看，不仅如此，伴随着女性社会的不断扩张还能想到晚婚化、生孩子的机会成本（本来应该获得的收入和利益）、育儿环境不完备等问题。

这样的话，像下面这样写误解就会很少。

> 女性社会不断扩张。其中，终生单身者越来越多，而且因为各种原因相互作用少子化也越来越严重。

另外，根据文章的巧拙，指示代词（所谓的"具有指示功能的词汇总体"）使用过多会给读者增加负担，所以希望能保持适量使用。这一点也和明确"指示代名词指什么"有关。

本节介绍了各种"不是一文一义的文章案例"，但文章的写作者往往因为自己头脑中的意思相通，便不会认为具有和文章目的不符的解释。比如，例子 B，"氛围明朗的职场"在写作者的头脑中留下了深刻的印象，这种情况下，他不会想到"明亮"一词和绿色的观叶植物有关系。

这样的文章不会产生多少损害，但如果是商务上的重要文书给对方造成误解，在后续的跟进上会耗费大量时间。越是重要的文书，越要认真地反复阅读，确认一下是否有别的意思。

二、善用逗号

就像之前看到的例子，逗号在明确关系、制造韵律感上非常重要。

关于逗号的使用方法，本多胜一所著的《日语的作文技术》通过非常详细的分析，讲述了重要的关键点。按照本多胜一所说，逗号的作用是明确文章的意思（特别是连接关系，即明确形容句与被形容句的关系），并且表达感情。后者"表达感情"的作用可以像下面例句一样达成。

> 公司的中枢，崩塌了。
> 世界，震动了。

本多胜一对调整韵律而使用逗号持否定态度，认为只要意思通顺，没必要在不必使用逗号的情况下使用。事实上，有人采用了每当意思凝聚的时候就使用逗号的方法，但读起来不顺畅作为商务人士会给读者留下幼稚的印象。比如下面的文章。

> 不同行业，规模庞大，有时候会具有重要意义，有时，却不是这样。具有意义的行业，有制药行业、钢铁行业。另一方面，没有意义的行业，有依靠当地的、不动产行业、补习班等。像后者这样的在商业中称为分散事业。

笔者认为，上述例子非常极端，现实的商务场景中考虑到易读性的时候，意思不明确、削弱韵律感的逗号或者令读者感到文章幼稚的逗号暂且不论，如果意思通顺，考虑到读者，适当地使用逗号不应该被否定。

根本上最应该重视意思的正确表达，但要做好"憋得读不下去，如果加上逗号意思也不会改变，就该加上逗号"的心理准备。从这一观点来看，试着重新写一下下面的句子。

▌ A 公司作为我们的商业伙伴推荐了我们 B 公司的长年宿敌 C 公司真是提不起干劲了。

　　读起来有点费劲，猛一看不明白商业伙伴是 A 公司还是 C 公司。不符合一文一义。

　　如果作为 B 公司的商业伙伴的 A 公司，推荐了 C 公司做后补，就应该像下面这样修改语序和符号。

▌ A 公司，将我们 B 公司的常年宿敌 C 公司作为商业伙伴候补进行了推荐，实在是让人提不起精神。

　　另外，将原来文章的语序和书写方式做出以下改变，意思就通顺了。

▌ A 公司推荐了我们 B 公司的常年宿敌 C 公司作为商业伙伴真是没劲。

　　一般来说，如果长形容词和短形容词相并列，即使没有逗号意思也一样通顺。

　　在上面的例子中，将"推荐的"当作被形容句，"A 公司""我们 B 公司的常年宿敌 C 公司""作为商业伙伴候补"按这样的顺序排列形容句，意思也通顺。但是，这样读起来还是有点难懂，会给读者带来负担。站在读者的立场上，希望大家能保持尽量减少负担和压力这样的态度。

另外，上述说明中没有使用"主语部分""谓语部分"这样的表达，而是大胆地使用了"形容句""被形容句"这样的词汇。正是因为我们站在了这样的方法论上，极端而论日语的主语部分不过是关系到"作为被形容句的谓语部分"的形容句之一。

当然，从意思上来说，大多情况下主语部分是最重要的，但仅仅着眼于文章结构的情况下，"A 公司"这一主语部分也好，英语中的目的语"……C 公司"也好，在文章结构上都可考虑为处于相同水平。

三、善用合适的连接词

在某种意义上，连接词是最需要逻辑的词类，如果使用有误就会给读者很大的压力。比如用"但是"开始，一般读者都会想着是转折的内容来阅读文章，如果接下来的内容是顺接的，读者就会产生混乱。

逗号后面的"但是"也需要注意。散漫的文章经常会这样，整篇文章到处都是"但是"，以至于根本不明白作者要表达什么。比如下面的文章，可以怎么修改呢？

> 通常自有资本比负债多的公司是做高风险事业的公司，但 A 公司是低风险自有资本比例高的公司，但 B 公司是高风险自有资本比例高的公司。这应该怎么理解呢？

并非没有表达出想要表达的现状，但没有金融知识的读者可能会感到混乱。如果用"但是"连接散漫的文章，对语言加以辅助修改为以下内容，则主旨更加明确。

> 通常自有资本比负债多的公司是拥有高风险事业的公司。但是，如果看一下现实，B 公司是高风险、自有资产比例高的公司，但另一方面也存在虽是低风险却自有资本比例高的 A 公司。这应该怎么理解呢？

另外，有的书上写道"但是"这一连接方法应该只用于转折文章中。并非要完全否定这一点，但笔者感觉没有必要进行如此严格限制。用"……が"进行长篇大论的文章，只要意思通顺、在不损害文章品格的范围内就没有问题，这才是笔者的立脚点所在。看看下面的例子。

> 你上次提出的建议，我个人觉得非常好。[①]

四、"完成"文章

没有完成的文章，换种说法就是作为日语文章时非常不像样的文章。以下就是这种类型的典型例子。

（一）语言不足

> ☒ 我作为商人想主张的是信息的一贯性。
> ◉ 作为商人，我想主张的是维持信息一贯性的重要性。

---

① 日语原文中用了表示"但是"的が。——译者注

（二）结尾不正确

- ✖ 我担心的是日本首相更换过于频繁而无法确立外交影响力。
- ◉ 我担心的是日本首相更换过于频繁而无法确立外交影响力这件事。
- ✖ 这是和美国相比日本的制造业比例更高且在海外的生产基地尚未展开。
- ◉ 这是因为和美国相比日本的制造业比例更高且在海外的生产基地尚未展开。[①]

（三）文章结构上有"处于游离状态的语言"

- ✖ A 社长战略立案和经常关注员工动力和职场氛围的现场状况。
- ◉ A 社长不仅认真设定战略方案，还经常亲自关注员工动力和职场氛围的现场状况。

（四）动词过少

- ✖ 我每天早上晚上都会洗头、牙齿和脸。
- ◉ 我每天早上晚上都会洗脸和头发并且刷牙（脸和头发共用一个动词）。
- ◉ 我每天早上都会洗头发、刷牙、洗脸（按顺序使用动词）。
- ✖ 为防止老化，围棋和象棋都有效果。
- ◉ 为防止老化，下围棋和下象棋都有效果（分开使用动词）。
- ▲ 为防止老化，打围棋和象棋都有效果。
- ◉ 为防止老化，喜好围棋和象棋有效果。（分开使用动词。但是前者"打"和"围棋象棋"的语感不搭配）

---

① 日语原文的结尾有表示原因的词"から"。——译者注

（五）语言对应错误

❌ 我决定学习英语会话教室。
⭕ 我决定经常去英语会话教室。
⭕ 我决定学习英语会话。
❌ 我公司2020年的目标是世界第一的英语会话学校。
⭕ 我公司2020年的目标是成为世界第一的英语会话学校。

其中有很多都是读者的常识性推测和从前后文中正确读取的意思，但作为正式的文章面向世人时却会令人脸红。特别是主页和电子杂志的文章等，因为很多读者都默认是在"公司内部经过一定的检查"的前提下发出的，所以也会向外部展示公司的内涵。为了公司的智慧不受到质疑，希望大家能用日语认真地完成文章。

另外，这里不再列举错别字、错误的惯用句（例如"打中靶心的发言""污名挽回"）、语言误用（例如"像这样马上改变说的内容就是朝三暮四"）等，请大家注意这是使智慧受到怀疑的更重大的瑕疵。关于原本就误用的方法，又简化成普通语言（例如"信仰犯"）的对与错，请参考第7章专栏。

顺便说一下，本节中的各个例子都是为了明确要点而选出的短文，而实际上这样的"未完成"文章很多都是在句子过长的情况下出现的。参考后面叙述的"使用短句子"，对提高文章的完成度会更有效果。

专栏：社交媒体中，相比文章的完成度，人品和即时性更重要

本文讲述了尤其是主页和电子邮件杂志、商务报告的文章等，要写得不让人怀疑公司和个人的品格、知性这一点的重要性。

近来，各种 SNS 和推特等所谓的社交网比例越来越大。这些媒体要求的是诚意、感谢、支持、即时性、相互作用、快乐、认真的议论、（不偏不倚地）击中目标的积极评判以及责任人的人品表现等。文章的完成度未必是最重要的要素。

事实上，有时企业网站上负责人单纯的错别字会成为让追随者（参与到媒体中的人）心情平和、发言数量增多、产生"场合"氛围更亲近的契机。可以说是不同媒体重视的内容也不同的典型例子。

现在，人们将行为依据从呆板的媒体变为更加灵活的信息，还请大家继续思考什么才是有效改变人们行为的文章关键所在。

五、尽可能使用简单的语言

第3章也曾讲过这一内容，有人为了让自己的文章看上去更高尚、为了卖弄自己的知识而在不必要的情况下使用晦涩难懂的语言和表达方式。语言不需要过于简单，但希望大家能站在读者的角度使用通俗易懂的语言。

另外，书写和经营学相关的文章时，不得不使用专业术语的情况则另当别论，其他的"底文"要尽量使用简单的语言，而且要用心将"再简单些"作为纪实报道的第一目的。

来看几个例子吧。

❌ 而且，在这一科学技术的发展上没有任何想赶超的意思。

◎ 不仅如此，没有想赶超这一技术发展的意思。

❌ 即便是我自己，我也明白自己文章的风格极为令人费解。事实上，还有没表达出来的内容。真是惭愧啊。

◎ 即便是我自己，也明白自己的文体难以理解。事实上，还有没表达出来的内容。说出来真是不好意思啊。

△ 这是同语反复。（日语原文：トートロジー）

◎ 这是同义反复，即反复说同样的内容。（日语原文：同義反複）

从以上例子中可以看到具有代表性的难懂的语言：文言语言、具有时代感的汉语、尚未普及的外来语……使用这样的语言，如果主要目的是"显示自己的专业性"，也不能全面否定。然而，在强烈要求商务写作的重要目的是"正确表达""驱动他人"的局面下，引起强烈反面效果的也不在少数。

在专栏等表达崭新观点时，即使观点内容本身包含"冷言冷语"，但需要文章整体平易近人，虽然这一点很难做到，但希望大家能以此为目标。

专栏：使用被收录到检索网站的语言

本文写到要尽量使用简单的语言。但近来以谷歌为代表的网络搜索网站发展迅速，为了让更多的人"发现"，有的人会大胆地加入多少有点难的专业术语。

比如，下面的例子。大家来思考一下面向商务人士的注册会计师培训学校开业的专栏文章。

- （A）库存超出需求继续增长，这部分需要的资金也会增加，所以就需要好好经营和银行之间的关系。
- （B）库存超出需求继续增加，也会带来 working capital（流动资金，定义是"库存＋赊销账户－应付账款"）的增长。为了应付这种情况，我们需要认真经营和银行的关系。

如果这是普通文章，则可以说 A 是通俗易懂的文章。但这篇文章是面向以会计师为目标的人，更进一步来说，这篇文章的目的是以此为契机让对会计师学校有兴趣的人加以关注。

这些读者有很多机会将"working capital"和"流动资金"这样的词汇以及"定义"这些词汇的用语相结合并在网上进行搜索。想到这点，大胆地写 B 那样的文章也符合现实的商业场景。

六、使用符号令意思更加明确

引号、括号、破折号等不仅能明确意思，在强调、缩短文章长度上应用顺利也会效果明显。在连续使用平假名的时候，也能起到分隔词汇的作用。

作家等拘泥于文体的人会特意避开这些技巧，但商务文书首先以正确传达想要表达的内容为先，所以大家要熟练掌握这一点。笔者也经常使用这些文章技巧。

（一）使用引号

古董商最需要的是有分辨真品和赝品的眼力。
古董商最需要的是有分辨真品和赝品的"眼力"。
古董商最需要的是"分辨真品和赝品"的眼力。
古董商"最"需要的是分辨真品和赝品的眼力。

这样就明白各自强调的是哪里、微妙目的之间的差别了。

経営者にはしたたかさが必要だ。
経営者需要强硬。
経営者には「したたかさ」が必要だ。
経営者需要"强硬"。

二者想要表达的意思基本相同，但用引号后读者就明白了后者想要强调"强硬"。另外，这个例子中连续使用平假名，所以也有为了明确展示意思群，分隔词汇"空开写"的效果。前面的句子，可能会有很多人在一瞬间思考怎么断句，在这一点表达上也有效果。

顺便说一下，如果关注空开写，也可以这样写，但这样很可能被误读为"強さ"。

> 経営者には強かさが必要だ。
> 经营者需要强硬。

发挥出空开写效果的同时，起强调作用的方法还有使用加粗和下划线的方法、改变文字大小和颜色的方法。实际上邮件和博客的文章中经常综合使用这些方法，能有效地吸引读者的目光。但是，如果方法用得过头，因电脑的种类不同可能会发生文字乱码，变得无法阅读而本末倒置，所以要多加注意。

> 経営者には したたかさ が必要だ。
> 经营者 需要 强硬。

另外，最近，尤其是博客等为了空开写而到处可见像欧美语言那样有空格的书写方式。虽区分了书写习惯，但我想说与正式的书写方式相比，这实在太普通了，在正式的文书中应该避开这种方法。

专栏：表示讽刺和保留态度

引号不仅起强调的作用，也可表示讽刺，也可用于"虽然世人常常这么说，但自己并不这么想"等意思。比如下面的例子。

- 说那种话，他可真是个"人格高尚的人"。
- 巨人军是"绅士的职业棒球队"，所以不会发展成这样的大问题。

在这里并非要完全否定这样的方法，但如果使用过度就会给人留下厌恶感，希望大家能意识到这种方法有时候会有损读后的心情。

引号不仅起强调的作用，也可表示讽刺，也可用于"虽然世人常常这么说，但自己并不这么想"等意思。比如下面的例子。

- 说那种话，他可真是个"人格高尚的人"。
- 巨人军是"绅士的职业棒球队"，所以不会发展成这样的大问题。

在这里并非要完全否定这样的方法，但如果使用过度就会给人留下厌恶感，希望大家能意识到这种方法有时候会有损读后的心情。

（二）使用括号

其次，看一下用括号进行补充说明并更加简洁易懂的例子。

根据最近的研究，转手某物时希望获得的补偿的最小值，也就是能接受的心理价格是获得该物时所支付的最大值即支付额度的约7倍，也就是说即便是同样的物品，转手的时候会感觉到入手时的7倍的价值。根据研究论文，7倍这个数字多少有些差别，不同的物品，也可能会有20倍。可见，相比不真实的未来物品，人们更喜欢真实的眼前物品。

根据最近的研究，作为转手某物品时的补偿，人们希望获得的最小值（能接受的心理价格）是入手时支付的最大值（支付的心理价格）的7倍左右。也就是说，即使是同样的物品，转手时人们会感觉到入手时的7倍价值（这个数字根据研究论文也会多少有所差别，其中也有20倍的物品）。可见，相比不真实的未来物品，人们更喜欢真实的眼前物品。

这两篇文章内容大致相同，但如果全部都用"底文"来表达的话，会过于啰唆，补充的信息和真正想表达的观点重复，令人难以理解。

后者的文章考虑到了这一点，在将文章写得更紧凑的同时将补充的内容用括号标示出来。

（三）使用破折号

有的人不会使用破折号，但括号无法表达清楚余韵时、括号过多或者为避免单调时，使用破折号更方便。

如果包括强调的观点，就可能同时满足引号和括号双方的效果。如下面的例子：

> 为了提高员工的动力，需要设计从员工角度出发的合适的策略——评价制度和奖励制度。

　　另外，破折号也有能代替括号的"隔开"作用，只在句头、句中、句末的一处使用也可以表达出余韵的感觉。

> "——是吗？业绩滑落成这样真是出乎意料。"
> "这个尤其和尊重我们公司的 DNA——创造性相关联。"
> "对方的回复并未到此为止——"

　　句头和句末的例子中也可以用省略号代替。

> "……是吗？业绩滑落成这样真是令人意外……"
> "对方的回应并未到此为止……"

　　关于破折号的使用，也要看个人爱好，但一般省略号更适用于引用说话内容、表达情绪的文章。根据上下文，即使不表达余韵也可以用来表达省略的意思。

七、考虑平假名、片假名、汉字的平衡

　　日语好也罢坏也罢，是包括了平假名、片假名、汉字和丰富多彩的文字的语言，而且也会交叉使用阿拉伯数字和英语字母。如果其平衡度被打乱，对读者来说就变成了非常难以理解的文章。

✕

いまはそのようなことをするときではない。もうすこし様子をみるべきではないだろうか。

现在不是做这种事的时候。难道不应该看看现在的情况吗？

◎

今はそのようなことをする時ではない。もう少し様子をみるできではないだろうか。

现在不是做这种事的时候。难道不应该看看现在的情况吗？

　　这两种写法内容完全相同，但前者使用了太多的平假名，以至于读起来难以理解。为了意思明了以及获得空开写的效果，适当地交叉使用汉字会获得压倒性的易读效果。

△

適宜例えを交える事が具体性喚起に有効である。

适当地加入例子，能有效地唤醒具体性。

◎

適宜「たとえ」を交えることが、具体性を喚起するうえで有効である。

适当地加入"例子"，能有效地唤醒具体性。

　　这次的例子中汉字使用过多。前者"适当地加入例子"部分，很多人都会在瞬间被其吸引。

　　另外，像前者的情况，不应使用"事""所"汉字，使用"こと""ところ"这样的平假名才是报纸、杂志、书籍中标准的书写方法。

八、使用短句子

下一节会重新论述彻底去掉本质上不需要的地方和表达、压缩文章的必要性。从和这一点不同的角度看，为了易读，需要适当地加入句号、适当地分割句子。如果句子过长，就很可能会成为像刚才看到那样的不完整的文章。

虽没有绝对的标准，但我们一般认为超过150字的句子就是过长的句子，要尽量在能分割的地方将句子分开。当然，这并不是说可以随便在文章中加入句号。说到底，目的就是让设想中的读者更容易阅读。

看一下下面的例子。

✕

大家好。

4月1日，山川的身份从正式员工改为合同员工，但这是因为老家的事情使他需要频繁地返回北海道，随之改变的还有所属部门也从营业部变为营业企划室，所以办公桌、到公司的时间和工作时间也发生了变化，今后也会继续参与本公司的各项活动，所以请放心，关于后续的详细情况，另外由山川向大家说明，所以拜托各相关人员给予相应支持，同时，对山川为所在的营业部做出的贡献表示深深的感谢。

顺便说一下，上面的第2个句子长达178个字。可以说是用"但是……""因为……所以"连接的、典型的冗长句子。这样的句子完整度低、给人以"潦草"书写的印象。希望大家能把句子分开，修改如下。

◉

大家好。

4月1日，山川的身份从正式员工改为合同员工。这是因为老家的事情需要他频繁地返回北海道。随之改变的还有所属部门也从营业部变为营业企划室，办公桌、到公司的时间和工作时间也发生了变化。但今后也会继续参与本公司的各项活动，所以请各相关人员放心。

关于后续的详细情况，另外由山川向大家说明。拜托各相关人员给予相应支持，请帮忙做出调整。

对山川为所在的营业部做出的贡献表示深深的感谢。

九、将文章轻量化，杜绝冗长

为了易读，将句子缩短非常重要，大胆地把不需要的内容删掉、将文章缩短也非常重要。不习惯写文章或者最初没有该写的内容，基本上都会内容冗长、使用过多无用的说法和语句。很多文章都是无论如何也要达到规定的字数、勉强增加无用的内容。从笔者的经验来看，这样的文章基本上都能从1000字削减到500字以内。

✖

据我看，为了策划更优秀的商品，最应该重视的是敏感地察觉到环境发生了怎样的变化。为此，必须从0开始行动，也就是说要体会到如果周围环境不起作用就无法获得信息。积极地走到客户身边、交换信息、和同事交换意见、到店里去、观察购物者的动向、行走于繁华街道、寻找消费动向。乍一看就认为和直接商业没有关联的行为也重要，因为某商品是否能大获成功要看他是否符合社会的大趋势。

希望大家注意的是我不是劝大家无缘由、无目的地到处付出行动。为了让行动和结果相连接，需要具有问题意识。也可以称之为假设。也就是说，对于市场现在要走向哪个方向或者专注于某商品的开发对自己公司好还是不好这样的疑问，为了找到自己的答案（假设）、为了确认这个答案是否正确而采取行动。（314字）

　　即便如此，还是要继续表达想表达的内容，这篇文章很短，不满500字，如果继续写下去，最终只会成为内容冗长的文章。

　　稍微删除给人冗长感的地方，想着上述要点进行删减，修改如下。

▲

据我看，为了开发优秀商品，需要敏感地察觉时间的大趋势。为此，不能一味地等待信息的到来，需要积极地去获得信息。比如，尝试和客户、同事交换信息。或者到店里去观察购物者的动向、行走在繁华街道寻找消费动向。这时，要提醒自己注意那些无法立刻和商业联系起来的趋势和变化。

另外，无目的地行动效果甚微。希望能带着问题展开行动。换言之就是要带着假设（属于自己的假设结论）展开行动。也就是说，对于市场现在要发生什么变化或者专注于开发某商品是否合适这样的疑问，我们要做出假设、为了找到自己的答案（假设）、为了确认这个答案是否正确而有意识地验证再采取行动。（279字）

这样一改就变成了一篇更易读的文章。但是，这篇文章想要表达的本质可以用更短的文章来讲述。如今，对商务人士来说时间是宝贵的资源，在商务文书中，需要常常用"第三者"的眼光彻底地"检视"文章，效果明显。比如刚才的文章就可以修改如下。内容上删除了很多地方，但想表达的文章重点基本都原封不动地保留下来了。

◼

据我看，为了先于别的公司生产出大受欢迎的商品，需要敏感地察觉世间的宏观方向。这时，不可缺少的是带着问题意识和假设（自己独特的假设结论）积极地收集信息、检验假设的态度，请一定要意识到这一点并付诸实践。

说到具体的方法，和客户、同事交换意见或者到店里观察购物者的动向、行走于繁华街道探寻消费动向等都是有效的方法。（153字）

十、掌握好节奏

商务文章不像小说那样需要强烈的意识，但令人心情愉悦的阅读节奏也非常重要。即使很多人都是口中不念出声但在心中默读，也需要留意文章的节奏和速度。为此，加上之前论述的内容，还需要努力做到不重复同样的语言或者在过去的话上偶尔也掺杂进现在的形态等，使词尾多样化、避免单调。

顺便说一下，英语中除了代词和"of""for"这样常常出现的词语之外，动词和名词若在同一页和段落内，要尽量换成其他的表达方式（高雅）。任何语言，单调、平淡无奇都是大敌，来看一下例子。

▲
山田氏は6月に渡欧した。A社社員としては初めての海外留学だった。社内の公募に通っての留学であった。彼は飛行機の中でこう考えた。
山田是6月份去的欧洲。这是 A 公司的员工第一次去海外留学。通过公司内部公开募集去留学。他在飞机中这样想到。

◉
山田氏は6月に渡欧した。A社社員としては初めての海外留学だ。社内の公募に通っての留学であった。彼は飛行機の中でこう考えた。
山田是6月份去的欧洲。这是 A 公司员工第一次去海外留学。通过公司内部公开募集去留学。他在飞机中这样想到。

　　日语中表达过去式的有"～した""～だった"，变化不多，在翻译文等中也经常看到。但原封不动地将外语的过去式翻译出来时，表现出了这一典型倾向，这样一来，往往会变成非常单调的文章。修改后的例子中，即便是勉强使用过去式，通过适当地加入现在式，可以避免这样的单调。

❎

首先，促进了部门之间的交流。据此也促进了全公司的沟通。对促进新产品的开发和业务流程的改善相关联。

◉

首先促进了各部门之间的交流。据此也激活了全公司的沟通。这也为新产品的开发和业务流程的改善带来良好的影响。

　　修改前的文章在两行里用了三个"促进"，很明显令人感到"不精炼"。如修改后的例子，保持原意的同时讨论下是否可以换个词语。

十一、写地道的日语

　　在翻译的文章和有长期海外经验的人写的文章中经常出现翻译痕迹。比如，大量使用非生物主语和代名词，使用尚未普及的片假名英语等。本来日语是非常优美的语言，如果使用正确，无论是逻辑性文章还是情感类文章都可以自由书写。

　　如果特别加以注意，就会发现日语和英语等语言的不同，不一定需要主语，所以往往很难明白主语是谁。因为这一事实，有人认为"日语是非逻辑性的"，但笔者并不这么认为。不是语言的过错，而是不能正确表达的写作者的责任。请一定在意识到地道日语的同时写出有逻辑性、有说服力的文章。

　　看几个例子。

✗~△

何が彼をそのような行動に駆け立てたのだとうか？ おそらく、功名心が彼を暴
走へと向かわせたのだ。その功名心は、チームの協力を失わせること、マネジメ
ントの信頼を失うことを強力に促進した。
是什么驱使他采取了这样的行动？恐怕是功利心令他走向疯狂。这一功利心令他
失去了团队的协助，强烈地促使他失去了管理者的信任。

◉

なぜ彼はそのような行動をとってしまったのだろうか？ おそらく、功名心がその
原因だろう。結果として、チームは全く協力しなくなり、マネジメントも彼に対
する信頼を完全に失った。
他为什么会采取那样的行动？恐怕功利心才是原因吧。结果，团队完全不帮忙，
管理者也完全失去了对他的信任。

✗

この３社ともＡ社よりも、垂直的なオペレーション範囲が狭かった。
这3家公司的垂直经营范围都比Ａ公司狭窄。

◉

この３社ともＡ社よりも垂直統合の度合いは小さかった。
这3家公司的垂直一体化都小于Ａ公司。

    两个例子都是从典型的具有翻译痕迹的文章修改过来的。最初的例
子都是由非生物主语构成的，修改后成了更地道的日语。后面的例子从
直译改为意译，采用了更日语式的表达。

    再看一下代词使用方法的例子。

❌

山田は鈴木課長より3歳下です。彼はもともとは製造畑出身でしたが、最近営業管理部門に異動になりました。

山田比铃木课长小3岁。他原本是制造专业出身，但最近调到营业管理部门。

⦿

山田は鈴木課長より3歳下です。山田はもともとは製造畑出身でしたが、最近営業管理部門に異動になりました。

山田比铃木课长小3岁。山田原本是制造专业出身，但最近调到了营业管理部门。

暂且不说地道的日语文章会少用代指个人的代名词，修改之前的例子，"他"指的是山田还是铃木课长令人难以理解。不了解内情的人完全无法判断。

如果文中连续使用"山田"，就可能出现单调的问题。为了避免这样的问题，在"不混淆指谁"的前提下，使用"他"和"她"也在允许范围内。

在意思相通的范围内，顺利地省略主语才是地道的日语表达。

▲

山本産業の宮本さんは根っからの市場原理主義者です。そんな宮本さんのことだから、君の出張する、市場原理を否定るような提案は受け入れないでしょう。

山本产业的宫本是天生的市场原教旨主义者，因为这样的宫本，你主张的否定市场原教旨的提案是不会被接受的。

◉

山本産業の宮本さんは根っからの市場原理主義者です。君の出張する、市場原理
を否定るような提案は受け入れないでしょう。

山本产业的宫本是天生的市场原教旨主义者。你主张的否定市场原教旨的提案不
会被接受的。

如果是英语等欧美语言，每个句子都会明确主语，最初的例子没有任何问题（换成代词就另当别论了），日语中如果明示主语（主语部分），就会像前面的文章那样啰嗦难读。我们必须避免即使看到前后文也不明白谁是主语的的文章，但主语明确的情况下，不重复主语才会令文章短小精悍，日语才会更地道。

最后，看一看无法并列书写的例子。

✖

彼に必要なのは、コミュニケーション、意欲、根気と人脈です。

他需要的是交流、热情、毅力和人脉。

◉

彼に必要なのは、コミュニケーションや意欲、根気、人脈です。

他需要的是交流和热情、毅力、人脉。

这是从英语的"a，b，c and d"的表达中联想到的，并不是日语表达并列的方式，翻译等容易马虎，希望能注意细节。

✗

彼に必要なのは、コミュニケーションを伸ばし、加えて意欲、根気と人脈です。
他需要的是扩大交流、还有热情、毅力和人脉。

◉

彼に必要なのは、コミュニケーションを伸ばすこと、そして意欲を高め根気強く
物事に取り組むこと、そして人脈を広げることです。
他需要的是扩大交流以及提高热情、带着毅力做事，以及扩大人脉。

书写并列内容时，规则就是排列名词。修改前的文章并列的方式很
奇怪，文章结尾不够完整。

再一次悉心钻研

如果能意识到之前说明的内容再进行商务写作，大部分应该都能写
出无压力、易读的文章。不必追求华丽流畅的美文，但需要具有考虑到
读者、写出更好文章的意识。在本章的最后，再介绍几点希望大家注意
的要点。

一、考虑差别用语和政治的妥协性

政治的妥协性可直译为"政治的公正"，就是说要避免使用引起社会摩擦的言论。现代是强烈要求广义上的 CSR（企业社会责任）的时代，当然商务文章中也要求考虑到这一点。但不用考虑和"语言净化"相关的、过度的"明哲保身式回应"，只沿袭已经在社会上被普遍使用的书写方式即可。

（一）关于差异的考虑

△
ビジネスマン（businessman）
◎
ビジネスパーソン（businessperson）

△
見つかった医師がどれだけ献身的な医師だとしても、彼にも自分の都合というものがある。
无论找到的是多么舍身忘我的医生，他都有自己的原因。

◎
見つかった医師がどれだけ献身的な医師だとしても、彼／彼女にも自分の都合というものがある。
无论找到的是多么舍身忘我的医生，他／她都有自己的原因。

可以说现在这些考虑已经被常识化。其中虽有"sportsmanship"这样难以替换的词语，但现在流行用中性表达替换那些让人联想到对方性别的词语。顺便说一下，笔者写书和专栏的时候，虚构场景中的登场人物等，都会尽量考虑到男女平衡。

（二）关于差别用语的考虑

▲
アメリカの黒人
美国黑人
◎
アメリカ系アメリカ人
美国系美国人
✕
ジプシー
吉卜赛人
◎
ロマ
罗姆

✕
片肺飛行
单边引擎飞行
◎
「必要な資源が足りず、安定を欠く運営」など
"所需资源不足、缺乏稳定的运营"等

▲

「オタク文化」
宅文化

●

いわゆる「オタク文化」
所谓的宅文化

　　说到运动员的时候，还有人用第一个例子中的"黑人选手、白人选手"这样的说法，但很多情况下还得具体问题具体分析。在不进行上述过度语言净化的同时，希望大家能观察世间动向，将实际状况和读者相结合。

二、减少老一套的表达和传统句式

　　老一套的表达和传统句式在某种意义上是可以节约写作者时间的便利工具。相比内容本身，更重视速度的时候，其优势尤为明显。但是，不是这种情形却连续这样表达，相反只会令人产生"这个写作者难道什么都没思考吗"的疑惑。这并不是说完全不要使用老一套表达和传统句式，在可能的范围内减少使用能有效地提高文章力。

　　以下是常用的老一套表达的例子。读者已经麻木，可能什么也感觉不到了。但是，正因为如此，非老一套模式的"自己的语言"才会有给人留下深刻印象的机会。

✕~△

前几天，我参加了 A 的葬礼。大家往往都是低着头眼睛朝下看，看上去浑身无力。很多女性都用白色的手帕极力控制快要流出的眼泪，会场到处都能听到啜泣声。看到这里，我强烈地感觉到大家在追思 A。正想着要报恩的时候，真是太遗憾了。今后，若 A 泉下有知，还请庇佑于我。

◉

前几天，我参加了 A 的葬礼。在声望很高的 A 的葬礼上，我感觉到了高于一般葬礼的悲痛之情弥漫在整个会场。A 生前对我照顾有加。受资金困扰时，A 最先答应注入资金，我犹如做梦一般。正因为有了那笔投资，才有了现在的我。正想着要回报他的时候，他却无法再看到我的成长，真是太遗憾了。但是，我不会被悲伤打败，在 A 的墓前，我信心满满地保证，今后也一定努力。

三、遵守一般的书写规则

对从事写作和编辑工作的人来说这已经是信手拈来的固定模式了，但对于普通的商务人士来说，遵守报纸、杂志、书籍等里面用到的书写规则是件难事。读者可能会觉得自己不是专业人士，所以没有必要全部记住，但在这里还是要提醒大家，应该多多观察、学习，遵守一般的书写规则。

专栏：正确使用固有名词

在使用文章技巧之前应该掌握的方法是正确使用固有名词。人名当然是固有名词，团队名、商品名等也是如此，很多人都对此怀有自尊心，希望大家多加注意。

人类有认知需求这一根源性需求，这是想让人们认知的，更进一步说是想让人们正确了解的欲求。如果不记住名字或者记错的话，都会有损人类的欲求，在商业上会带来巨大的负面影响，请一定注意。

另外，"慶应大学"和"慶應大学"或者"慶應義塾大学"这样的缩写和异体字问题，哪一个都没有错，这时就要按照实际状况加以考虑。比如邮寄地址和简历上要使用正式名称"慶應義塾大学"，如果是和同事之间的邮件则使用"慶应大学"。

但是，即使是不太在意组织名称的人很多也都会在意自己名字的异体字。如果平常本人写"嶋田"，最好不要写"岛田"，而要写"嶋田"。

如果写成异体字，不少人都会认为不是自己。用文字处理机改不了的字体就没办法，但如果一般能改变的还是尽量和本人书写习惯相符。

除了以上的说明之外，希望大家注意的要点还有很多。

- 适当地区别使用尊敬语和谦让语。
- 写明表达的是使动还是尊敬语。
- 正确使用数词。
- 不使用重复语言。

因版面的关系，将不对此进行详细说明，但一定要站在读者角度"再一次悉心钻研"。如果是速度与时间的抉择，文章越正式越应该意识到这种"精炼程度"。

第

6

章

写作的流程和心理准备

能够判断是不是好文章和实际上自己能不能写出好文章之间有很大的鸿沟。能填埋这一鸿沟的是对流程的理解和为写作而做的心理准备。

案例

大山绘里现在非常苦恼，因为宣传部让自己写的文章怎么也写不出来。

大山就职于风险类人寿保险公司 Safety Life，是位30岁的年轻商务人士，在公司负责审查等工作。Safety Life 公司和以往的人寿保险公司不同，而是没有业务员、灵活应用网络、实行推进型市场的网络人寿保险公司。因为没有业务员，所以固定费用少，相应的保险费也便宜。另外，顾客在网上填写几十个审查项目后，独立审查系统会对是否能加入保险、保险费用等直接给出判断并出售商品。Safety Life 在网络人寿保险公司中成立稍晚，慢慢设立了几个审查标准，以中风险中赔付的顾客群为目标。幸运的是业绩不错，几年后也引起了股票分开发行（IPO）的注意。

宣传部交代的是写一篇以"风险企业中女性经营人才开发和工作生活的平衡"为标题、5000字左右的文章。大山在相对年轻的26岁结婚，2年前28岁的时候生了孩子，1年的育儿假之后，成为一名在职母亲。对宣传部来说，有这种经历的大山非常符合这个标题。

这篇文章预计会发表在网站首页的人才招募板块，5000字在网页上需要4页来展示。虽然编辑部的人也会帮忙校对，但他们还有风险企业的事情，没有人能手把手地教大山怎么写。宣传部的负责人已经叮嘱过"我会检查'生活和圣火'这样的错别字，但请大山写一篇能原封不动地发表出来的文章"。

对就职于审查部的大山来说，每天的工作就是写一些在业务上基本已经固定了格式的文章，几乎没有机会写这样的自由度高的文章。虽然也在社交网站等发表过随意写的文章，但基本上都是以朋友和认识的人为阅读对象，并不考虑格式。这次文章更为正式，而且题目已经明确地固定好，之前从来没有过这样的机会。

5000字，对于习惯了写文章的人来说可能不算多，但这个量已经足以让不习惯写文章的大山感到胆怯。就这样1个字也没写，等意识到这个问题的时候就只剩下1周的时间了。

焦虑的大山在心中自问道：

"'风险企业中女性经营人才开发和工作生活的平衡'，到底写什么好呢？自由度过高，反而不知道从哪里开始写、写什么。虽然我也明白重要的是让优秀的女性看到后也想加入我们公司，但是……是光写自己的经验好呢，还是加入一些普遍的事情更好呢？虽然想说一些内容，但怎么把这些联结起来呢？完全想不起来到底要写些什么具体的内容……怎么办……"

解说

之前的内容主要从"商务中希望看到什么样的文章"这一角度加以说明。换言之，我们一直着眼于作为最终"结果"的文章。

然而，即使我们能判断最终结果的好坏，但仅仅如此还并不一定能达成好的最终结果。当然，直觉好的人可能会在之前说明的基础上，积累实践经验写出优秀的商务文章。但仅仅如此，对于那些为商务文章而苦恼的多数人来说还远远不够，如果对后辈和下属进行指导效果也不理想。

特别是开头列举的5000字左右的正式文章、更长的商务报告等等，很多人依然不知道从哪里下手，或者虽然能把握方向性却想象不出怎么写够字数而无法动笔。

本章将以比较长的商务报告等为例，从为高效地产生结果而进行的"流程"、让这一流程开花结果所需的日常"心理准备"来展开论述。当然，这些也可以应用在短篇文章中，也是加速提高团队整体的写作技巧以及在此基础上的思考技巧所不可或缺的必要元素。

对于流程和心理准备，特别是流程，可能会有人问"整齐划一的，岂不是限制了自由""岂不是无法对应偶然的需求"。但是，以制造业为例，无论制造什么商品，都需要确立生产良好商品的流程，如果和这一流程相对比，虽然日常心理准备能体现企业特点，但多数都离不开流程。最近，不仅仅是生产现场，比较依赖个人技能的营业场所等也离不开流程管理了。

本书中所讲的和制造、营业流程不同，不会设定到 KPI，但会认真地说明完成好文章的顺序、不是捷径的顺序等。另外，关于心理准备，本章将介绍几个只要日常留心就能产生很大差别的心理准备。

写作的流程

首先看一下写作流程。大的流程如图表6-1所示分为4步，与此同时，还需要意识到"时间管理"。

向读者发送文章后的售后跟踪（如：发出通知邮件，一段时间后发送起决定性作用的邮件）也是一个重要的流程，但这里不做论述，主要讲的是在最初的文章效果的基础上，带着当初的目的、采取适当的行为。

从这一点也能明白，图表6-1中的流程，并不会一个循环就结束。

沟通会因不同状况花费不同的时间，但在一定程度上的前提是交易继续。

希望大家能意识到，写文章也是沟通方式的一种，所以会根据读者的反应，为了实现最初的目标而设立补充目标（或者修改最初目标），而不得不重新开始新的流程。

图表6-1 商务写作的步骤

步骤一 准备	步骤二 从能写的地方 开始写	步骤三 充满能量地写	步骤四 推敲、修改

思考	收集信息	再思考

时间管理

另外，图表6-1的流程不是单向流程，是可以摸索尝试、一边探索一边慢慢前进的流程（这也可以说是步骤内的补充流程）。

步骤一：写作之前做好准备

写作首先需要准备。可以说这一点不仅是商务写作、也是商务相关行动的原则。当然，对于自己收到的邮件，肯定有不花时间就回复"了解了""谢谢"等的情况。

但是，从商务人士对时间的利用来看，这些情况实际上非常罕见，在书写一定字数的文章时，终究还是需要做好准备。一般来说，越是以下的状况，越需要在准备上花费更多的精力。

- 商务重要度高，比如面向更重要的顾客的提案书。
- 必须说明背景的情况，比如给海外的报价说明书。
- 客观上必须书写的字数多，比如长篇报告、投稿给杂志的论文。

在这里，首先将准备分为3个步骤——思考、收集信息、再思考。

一、思考

第一个补充步骤就是先切开一个大方向、大框架。这里应该主要考虑的是以下内容（当然，根据不同状况，有几个是从开始就被明示出来的场景）。

想在这一阶段结束：

• 写作的目的？预想的读者群？

• 什么时候交稿？

• 应该谁写？

本书中基本都以自己写为前提，但繁忙的管理人员等就会产生"让谁写对团队更有效"这样的问题。

假设的水平高，所以希望大家考虑这些：

• 大方向性上要写什么、论点是什么？

• 要设立什么大的补充项目？

• 怎么做才有说服力，为此要怎么收集作为依据的信息？

• 设置什么风格？

• 用什么媒体？

• 怎么确保时间和场所？

具体内容也会根据收集的信息而发生变化，在写作的最初阶段就应该确认好以什么目的来写文章、写到什么时候。另外，这里说的"思考"，只在大脑中模模糊糊地来回想是不行的。因为这种思考在忙碌中经过一晚上多数都会完全忘记，即使到不了这个程度，也容易变成"那个和那个是怎么连接的"。

这个阶段不用写漂亮的文章，也可以写备忘录，所以一定不要在文字处理机上写，而是需要手写在笔记本上、灵活使用便笺纸等留下记录。

希望读者们一定把下面的话记在心里。

阅读使人丰富，谈话使人机灵，写作使人可靠。（弗朗西斯·培根）

二、收集信息

在上述思考的基础上，下一步就是收集信息，特别是收集能支持假设论点的信息，换一种说法就是开始验证假设。收集信息的方法各种各样，但图表6-2中介绍了具有代表性的方法。都是有优点也有缺点的不完美的方法，所以要一边综合考虑目的和时间、费用和效果，一边根据需要综合几种方法互补使用。

在这一准备阶段，验证假设到哪种程度，要根据文章重要度和最终要求的文章长度来改变。报告等长篇文章，在这一阶段要验证完所有的假设是不现实的，大多数都是一边写一边进行微调，所以"企划书"只要达到认真书写的程度就足够了。

另一方面，如果是2000~3000字的博客文章等，在这一阶段收集一定的材料即可。但是有的人在开始写作之前感到了过度的压力而一个字也写不出来。那么，准备反而会起到反作用，所以这一类人可以不经过充分准备便开始行动，先从能写的地方开始写，同时收集信息才是现实的做法。

收集信息，特别是需要明确主张的文章，使用第2章介绍的金字塔结构对"依据群"进行分类整理即可。

图表 6-2 收集信息的方法

	优点	缺点
书籍、报纸、杂志等	• 收集简单 • 从基本的到详细的，各个层次的信息	• 该信息数量庞大，所以需要眼力
数据库	• 网络的 • 过去积累的信息	• 从数据库获得的信息精度有偏差 • （比较）贵
网络搜索	• 收集简单	• 可信度低
访问（听证会）	• 可以深挖想了解的信息	• 受拜访的人和被访问的人的主观影响大 • 做起来费劲
调查	• 一次可以问很多人 • 精确地询问想了解的信息	• 不同的基数、分析手法在精度上有所偏差 • 收集时花费时间，做起来费劲
观察	• 只有在现场才能获得的最新信息	• 观察者的力量不同，获得的信息量、品质也会有差异

或者即使没有一个明确的论点，也可以想着主题和关联性按照范畴进行分类，这时 KJ 法会发挥作用。（详情请参考《构思方法——为了创造性开发》川喜田二郎著、《智识的生产技术》梅棹忠夫著）。比如，"关于市场的信息""关于竞争对手的信息""关于自己公司的信息"这样的总结方法。如果信息量大，可进一步分开制作补充信息组，以后再思考结构时会更简单。如果是"关于客户的信息"，可以分开整理出"关于 A 类型客户的信息""关于 B 类型客户的信息""关于 C 类型客户的信息"等。

三、再思考

信息收集到一定程度，论点和支撑论点的补充信息（逻辑支柱）便被赋予了一定的目的，就可以讨论论点的完整度了。提案书等，在这一阶段就要采用像图表2-2所示的金字塔结构，塑造完整度，这样一来，一眼就能看出这篇文章是否具有说服力。

如果各个"逻辑三角形"没有说服力，即逻辑和支持逻辑的依据较弱，要再一次返回到假设验证阶段重新验证。但在这一阶段，即使完整度低，因为信息少，之后的结论完全颠倒的可能性也很小。这样一来，在这个阶段开始写文章的同时也可以收集信息。

很难说哪一种方式更好，写作就是磨炼思考、加深、有时需要迸发出新的想法，所以很多情况下，即使迷茫也依然要继续写作。最不应该的就是在准备阶段停止思考、一个字也写不出来的情况下不采取任何行动。

考虑结构、风格

在这一阶段，希望大家认真考虑的不仅仅有逻辑，还有第4章论述的结构和整体风格等。站在读者的立场上，认真思考什么结构和风格能影响到他们的内心。

特别是风格，要在这一阶段确定好。电子文书的结构，只要剪切、粘贴便可简单地编辑，但当写到一定量的时候会出乎意料地懒得更换全部风格。比如用"です·ます"尊敬体书写了5000字左右，为了强烈表达自己的主张而改用"だ·である"的简体，但仅仅这一改变也非常麻烦。不仅仅是单纯的风格，还会想"是不是写成了带来危机感的风格？或者是写成了面向未来充满活力的风格"等等，风格的设定会影响文章整体，所以要尽早确定。

步骤二：从能写的地方开始写

这里最重要的是从能写的地方开始写，只写1行、1段、1页也好。认真地按照步骤一，一定程度上应该就会找到结构、使用的部分、素材的目的。灵活使用这样的部分和素材，慢慢地就能写出构成整篇文章的内容。

面对报告等特别长的文章，最多的是想从开头开始写却写不出来而感到受挫的人。像这样长时间写不出来，就会失去最初的能量、失去思考的力气和为此而花费的时间，慢慢地就写不出来了，陷入恶性循环。并没有人规定一定要从文章开头开始写。先从能写的地方开始慢慢写出各个部分，渐渐接近预定字数。从精神层面来看，这在数字时代的商务写作中也是有效的。

另外，如果要写某部分，常常会出现"想加入这样的事例，但现在想不起来好的例子""虽然想在这里加上什么结束语，但想不出好的句子"等等状况。

这时候，相比在这里闷闷地思考来浪费时间，倒不如做好标记保留这一部分，先顺利地写能写的地方。

笔者通常会改变文字的颜色、简单地记下应该写的要点，在文章上相应的位置留出"……"这样位置。大家不一定要采用这样的方法，所以请选择自己喜欢的方式。

例

具有代表性的意思确定的一个类型就是在"目的和解决策略的整合"的基础上进行判断。比如要在外面找"咨询业务能力强化研讨会",如果大家是研修的策划负责人,想继续和哪一位业务担当对话呢?

业务 A:(加入的例子只论述了表面特征)

业务 B:(加入的例子显示出了研修效果)

像……一样 A 的销售向客户展示自己公司表面的优越性,无法看明白是否适应顾客的需求,和写出了……的 B 形成了对比。如果是具有一定选择能力的购买者,对于 A 的销售会做出"好像是无用花费"的判断,而很可能会选择 B。

与此相反,虽然会想起好的内容和句子,却无法直接判断插入到哪里才能发挥效果。这时,可以先写出这一小部分,做好标记再找到预计插入的地方,或者做好标记集中放好(笔者用 word 写文章的时候,很多时候会加上标题再放在文档末位。综合考虑到了文章内的搜索和写作效率)。

比如,本书有关于"最大话题"的论述,虽然刚开始就知道把这部分放在哪里,但迟迟无法判断放在哪里最好。于是,笔者先写出了内容,之后(进行微调)便像放在哪里都可以那样积累了下来。

然而,好的点子和句子浮现在眼前的时候不一定是正在书写的时候,而可能是在电车里、睡觉前。这时要尽量马上记录下来。

说句题外话,作为最适合构思文章的三个场所,古语有"作文三上",

指"马上（现代可能是车上、电车上）、枕上（枕头上）、厕上（厕所）"，哪个地方都不好做记录，但还是建议大家趁记忆新鲜写在什么地方。

边写边思考

这点和下一个步骤是相通的，但如上所述，写作是思考发展的产物。通过步骤一，即使想得到某个结论，但开始写之后脑海中浮现出了其他点子，就会感觉"这个信息的说服力太弱""作为例子冲击力不够"，便开始想着收集新的信息。有时，会出现感觉自己不得不重新考虑最终结论的情况。

这种情况下，一旦返回步骤一，就要重新收集信息和构建文章的整体结构。这就是前面写到的"摸索尝试、一边探索一边慢慢前进"。虽说如此，除自由度极高的博客等之外，通常的商务写作都在和时间战斗。在商务中，原本就很难以100%的精度进行验证假设。这里不会存在像物理学一样不变的真理，因为商务环境时时刻刻都在变化。

所以，现实中很多情况下都不用等到100%的读者都接受假设验证，有60%~90%的人充分接受就可以继续推进了。

看上去和第2章中写的"用事实依据提高说服力"相矛盾，但事实绝非如此。虽然应该完全以事实为基础、组织逻辑性，但不同的读者具有不同的价值观、判断依据、经验、信息等，正因为商务的这一特点，无论如何也无法让所有人都100%接受。即使不接受，写作者也要明确为什么有这样的主张，这一点很重要。因为这一点和建设性的议论相关联。

步骤三：保持书写热情

即使刚开始的写作标准不高，一旦开始写就会不断思考，写作标准就会越来越高。如果可以，希望大家在这时不要过于关注其他工作，而要一口气写完。长篇报告等不可能一口气写到最后，但即便如此也可以一口气写到可分割的地方，这样效果会更好。

这是因为一旦关注其他工作，再返回到写作速度顶峰就需要花费很多时间。中间相隔的时间越长，这种倾向越明显，高昂的热情就会有减弱的趋势。

特别是被称为"心流"或者"心境"、笔尖流动顺畅的状况下，中断绝不是上策。这种状况持续期间，一口气写完是最有效的。心流是指心理学家米哈里·契克森米哈赖提倡的概念，人们沉浸在当下着手的某件事情或某个目标时，全神贯注、全情投入并享受其中而体验到的一种精神状态。如果是篮球选手，是指完全能读懂对方选手的下一个动作、感觉到对方的动作、投篮全部命中的状态。

事实上，步骤一中写到需要考虑时间和地点，也包括了进入这种心流状态的可能性的高低、意识到了写作效率。如果是几千字的文章倒不必拘泥与此，但如果是超过一万字的报告，在一定程度上确保能够集中精力（进入心流状态的可能性高）的场所和时间，对提高工作效率起重要作用。

一、像说话一样写作

不同的人会有不同的方法，但一口气写完的关键在于想象着人在眼前、像跟这个人说话一样写作，把电脑当成听者也可以。对多数人来说，因为"想写漂亮文章"而停滞不前，先放下这个念头，说得让眼前的人更容易听懂、扣人心弦——一边想象着这样的场景一边用键盘快速地敲出语句，结果就会写出简洁易懂的文章。很多时候，笔者会一边默读一边想象着向自己说话的情景再落笔写作。

二、灵活使用搜索

在有效写作的基础上，我们应该灵活使用检索。当然，大学生写报告的时候，在网上搜索找到一个部分后只进行复制粘贴是另一回事，适当而灵活使用搜索则能大大地提高写作速度。

（一）从公司内部的文书中搜索

从公司内部的文书中搜索，再灵活使用其格式和句子。特别是搜索自己曾写过的文章不必得到许可，所以如果能有效利用便能提高效率。我一般会（根据服务期的容量）长时间地保存邮件和原稿等，以便随时取用。

公司内部其他人的文章能搜索到哪种程度，除了收件箱以外，很大程度上依赖于企业的知识管理制度。这不是一个人能决定的，作为经营者应该考虑将提案书和研讨会公开，把文章等使用频率高的重要文件做成数据库以提高团队的工作效率。

应该注意的是这种做法利用的是旧数据，所以过于依赖会削弱对新事物的思考力。实际上，有些娱乐企业等为了不出现和过去类似的作品会故意将过去的文件（红白喜事除外）设置为不可参考。

利用过去的积蓄和挑战新事物之间的平衡是个难题，但可以说是在看清职员的熟练程度和自己公司成功的关键之后应该考虑的课题。

（二）网络搜索

关于知识性生产，网络时代来临的最大变化之一是即使不知道所有的事情，也可以根据需要在网络上搜索到一定的信息。比如，想写某一主题的时候，如果能使用关键词顺利地搜索，马上就能找到几篇"原材料""材料"的文章。问题是能将这些利用到什么程度。如果自己的切入口和主张非常明确，也可以当作材料的一部分（根据需要标明出处），则基本上不存在问题。

另外，引用时必须控制在适当的引用量（一般是1页以内），并标明出处。

步骤四：推敲、修改

写好文章绝对不能省略的是推敲、修改的流程。有人可能认为"这不是理所当然的事情吗"，但令人意外的是很多人不会做这件理所当然的事情。

一、推敲、修改和企业的"品质管理"相同

推敲、修改和制造业品质管理中的检验是相同的。即不经推敲、修改就展示给读者，就相当于将没有进行品质管理的产品交给顾客和下一个流程。特别是自己本身是写作者也是最终的"守门人"的时候，希望大家能牢记，如果自己疏于推敲和修改就可能给读者和公司添麻烦。

有的人也会经常慎重地修改发给客户的文章，但如果是公司内部的文章可能会因为赶时间而马马虎虎，这也是不可以的。在生产管理上，会用"下一个流程是客户"的说法来唤起品质管理的重要性，即使在公

司内部，也要有意识地给予和客户一样的关注，文章也是如此。既然文章是给别人读的，即使这个人是公司内部的人，也要保持最低限度的礼仪，返回去重新读一遍，进行最低限度的修改之后再发给对方，这是常识。本章开头的例子，如果大山写完后并没有直接发给宣传部的负责人，而是经过认真推敲后再发送才是礼仪所在。因为是在公司内部便仰仗对方的善意，作为商务人士是不合格的。

二、推敲、修改时和"最初写作时的眼光"不同

特别是推敲、修改长篇文章时，希望大家能用和最初写作时的自己不同的"人格"来面对文章。自己辛苦写出来的文章，无论如何也不想进行大幅度的修改，但这样一来到什么时候都只是微调，不可能完成根本的改善。需要带着"扔掉的勇气"和"删减的勇气"来思考怎么才能不被沉没成本（之前花费掉的、无法找回的时间）牵制、怎么做才能得到更好的文章。

一口气写完的过程中，很难同时具有这样的眼光，但文章完成后，希望大家一定再一次从其他视角出发冷静地、彻底地重新把文章检查一遍。

根据文章的紧急程度和长度，有效实行的最简单方法就是隔一天再检查。特别是长度达到十几页的长篇报告，这种方法更加有效。如果是紧急邮件，也许没有时间这么做，但只要是重要邮件，就要在呼吸之间转换心情之后至少反复阅读1~2次。

另外，发给重要客户的报告等特别重要的文件，希望能让第三者帮忙检查。第三者能带来自己完全没有注意到的新角度，不仅是文章表达，接下来的论述也会成为判断"文章原本目的"能否发挥效果的材料。

三、再次确认读者是谁、写作目的是什么

推敲一词往往用于文章表达的修改，但商务写作中不仅限于此，也包括了再次确认读者是谁、写作目的是什么。没有错别字、易读的文章在体裁上是完美的，但如果无法达到原本的目的也是毫无价值的文章。

本书从第1章到第5章论述的以下项目，需要根据实际情况进行检验，在此给予写作者提示也是基本礼仪。用长远的眼光看，这应该能提高大家的思考力、对他人的关心程度，赢得好评。

检验要点：

• 是否符合目的？

• 是否理解读者？

• 是有人读的文章吗？

• 内容充实吗？

　—主张明确、具有说服力吗？

　—是否能留下印象？

—是否是符合目的的结构、风格？

—文章易读吗、读起来没有压力吗？

时间管理

前面我们论述了写作的流程。笔者想再次强调，这一流程并不是机械地向一个方向发展，而是来来回回、一边提高成品的品质一边前进。

虽说是"来来回回"，但时间并非无限的。对于现在的商务人士来说，被给予的时间是有限的，原本就有截止日期，迟于截止日期是一个商务人士的失职。所以，整体看来就显示出了时间管理的重要性。

特别是截止日期非常严格的、面向顾客的提案书、给杂志寄的稿件、明确了日期的回复邮件等。说得极端些，这些文章一旦超期，文章的价值可能一下子变"无"或者下降，也可能让你和公司的信用一下子跌落谷底。

截止日期迫近时，不是要寻找紧急应对措施，而要按照步骤①制定流程框架、了解整个流程，有意识地向时间努力。

当然，一般都无法按照最初的日程完成，需要对日程进行一些调整。这时，希望大家能避免在截止日期的当天才写完文章。

如果是文章达人，无论怎样做都能写出高水平的文章的话是例外，否则越是长篇文章，就越应该留出充足的时间用于最终的推敲修改。希望大家至少前一天、可能的话提前几天写好文章。这么做，可能会改变看文章的眼光，使文章的质量更上一个台阶。

提高能力的心理准备

接下来，我们看一下为了提高写文章的能力而应该进行的日常心理准备。其中的几点也是很多文章书籍中讲述过的，但因为非常重要，所以在这里重新论述。

一、在好文章中学习

首先，平日里要阅读好文章。从好文章中学习的不仅有写作，还有沟通、领导力、再整合等所有的技能行为基础。

商务人士阅读的文章除了业务上的邮件等，可能有人只读报纸、经济杂志、商务书籍。如果能从中找到好文章的模板还好，但上述的报纸——特别是经济版面和政治版面的报道——确实是没有丝毫废话但过于冷淡，多数都无法作为提高"感动他人"行文能力的参考。

在这一点上，报纸、社论和专栏等的表现尚属灵活，执笔者为了表现个性也会花费一番时间。另外，很多杂志和书籍会为了吸引读者而悉心钻研，又因为编辑和审校的加入，结构和表达的组成方式、各种格式、"精炼的语言"的感觉、作为证据的信息的选择方法和令人感到具体形象的事例选择等等，可以参考的也不在少数。笔者也因为这些而多多参考了博客和小说，简单总结一下从各种各样的文章中学到了什么。

（一）公司内部文章

• 对读者的关注，特别是感情方面。

• 逻辑、结构、风格的平衡。

• 速度感和详细度的平衡。

• 如何灵活利用公司内部对自己的评价。

（二）杂志上的专栏和博客

• 切入点的独特性。

• 每次的主题、主题选择感。

• 有个性和品质的表达方式。

（三）小说、随笔

• 修辞、个性表达。

• 韵律和速度。

而且，这些特点符合所有的文章，我们要关注的不只是一篇文章，而是当感到"这个人的博客好有趣""他／她的内部文件无论是邮件还是企划书都很有说服力"，就要一直追看这个人的文章，这样才有效果。特别是身边的内部人士，容易观察其日常行为，所以要观察他／她写文章时会怎么做准备，有时也可以直接询问诀窍和心理准备。

另外，如果在意的文章可能会在日后用于参考，就要思考这篇文章具体哪里好，并记录到笔记本上。希望能再次想起培根的话。将思考的事情落于笔尖，能令思考更加深化。

专栏：确立自己的风格

对于小说家等，文章的风格是他们和别人不同的重要原因（独特性）。可以说，对商务人士来说风格并没有这么重要，但也希望大家能有一定的风格。理由有两个。

第一，拥有自己的风格终究能和别人差异化，"因为是他／她"的工作会越来越多。这并不只针对写作行业的专业人士，也针对以个人专业和自由撰稿人为职业的人，或者平常的商务人士。自己的技能和感觉、反应人品的文章风格能有效地吸引读者的注意，使对方"想一起工作""想成为他／她的力量（或者借用他／她的力量）"。

第二个理由是效率化。有自己的风格就像专业运动员固定了姿势和训练方法。如果具有牢固的风格，则能固定行为表现，最终能提高效率。

而且，这里所说的风格并不仅限于最终的文章风格。本章论述的流程，比如推敲的方法等，如果带着这些来创造自己风格，就能在两重意义上加速高效化。

二、关注日常生活中可引用的语句、事例和信息

而且，如果有"这个也可以用"的表达、句子、信息，也可以积累下来。另外，也可以积累那些不知什么时候就可以作为素材的事例。接触一些日常生活中可以用到的内容，并积极地参考好的内容。通过不断的努力，慢慢就会建立属于自己的独特风格。

本章论述了商务写作中的最大公约数流程和希望大家具备的日常心理准备。虽是第一次看到这些，但实际上这才是提高个人以及组织生产率的法宝。希望大家能带着这样的意识，像"呼吸"一样付诸实践。

第

7

章

实践

本章将实践的课题分为2个部分。一个是增减课题，如何将实际的文章重写后变得更好。另一个课题是在某种状况（明确了主题和依赖者）下带着目的怎么写作才能更有效果。每一部分，讨论5个例文。

以增减来修改文章

首先，对各类文章进行增减，改为更好的文章。这里选取了5个例文，在进行适当论述的同时，会按照"状况设定""原文章""修改后"的顺序进行论述。

这里不会选取像第5章开头的例文那样的超级恶劣的文章，而是选取一定程度上的"可读"文章，只需要再稍加修改即可。

在第5章论述的基础上，如果是你会怎么修改"原文章"呢？请一定一边思考一边阅读以下内容。

Ａ氏公司的内部邮件。Ａ氏所在部门想建立一个门户网站，用于为了开拓新客户而积累新知识。Ａ氏是这一项目的负责人。他正在向员工们收集有关刊登信息的想法，但反应很不好，特别是统领各团队的团队领导们到现在为止0回复。于是，Ａ早早地向部门的所有员工发送了催促邮件（另外，Ａ氏在部门内部被认为是冲动的激情家）。

例文一：原文章

件名：门户网站的事情

各位：

之前拜托各位的事情（如题），大多数人都还没给我回复，特别是团队领导们一个回复都没有。对当事人的意识薄弱，我感到吃惊的同时还感到了失望、愤怒甚至悲哀。

我觉着很多人可能有误解，所以重新说明一下主旨。制作门户网站的时候，特别是信息收集和对信息智慧的加工部分，无论如何都会需要众人的力量。因为一旦没有了众人的力量，信息收集和对信息智慧的加工都无法进行。

为了收集、使用门户网站，不能一味地增加工作量，而是需要收集和选择。关于这一点，只要收到大家的想法，我会立刻和部长商量并做出判断。为此也需要大家的意见，没有这个，我寸步难行。

这也可能是大家的错觉，但这次的事情并不会增加大家的业务量。

我想大家平日里的业务会非常非常忙碌，但请一定要具有当事人意识，给出建议。请大家注意截止日期是明后天。

以上。

实际上，很多人都会发送或者收到这样的邮件吧。但是通过这样的邮件，会产生能否实现原本目的"征集部门所有员工的好建议"的疑问。

首先，从风格上来说，整体来看具有挑衅性，很难令人感觉到"想得到帮助"，倒不如说很多人可能会感到"对方的言行令人感到不愉快"。具体来说，"当事人意识薄弱""愤怒""因为我想很多人误解了"等表达就是这样，"特别是团队领导们一个回复都没有"等讲法反而会招致团队领导们的反抗。

最后一段"非常非常忙碌"这样的故意写得冗长的表达，有的人可能认为是"实际上却一点也不忙"这样的讽刺。制定日期也是单方面的，最后"以上"也给人非常生硬的印象。整体的读后感很不好。大家可能会想"果然是 A 氏啊"。

另外，我对是否表达了目的和帮助后获得的好处抱有疑问。"总之，做门户网站很麻烦，快来帮帮我！"这封邮件并未表达出超越这层意思的内容。

而且，第2段的"信息收集和对信息智慧的加工部分，无论如何也会需要众人的力量。因为一旦没有众人的力量，信息收集和对信息智慧的加工都无法进行"仅仅是对相同事情的重复，并没有说出原因。第4段的"这次的事情并不会增加大家的业务量"也会引起"为什么？现实是这次业务量不是在增长吗？"的疑问。

也就是说，这封邮件并不具备符合目的的内容和风格，在文章的完整度这一点上很难达到及格线。

整体评价：

· 符合目的 ×（大问题）

· 理解读者 ×（大问题）

· 有人读 ×~○

· 内容明确

　—主张明确、具有说服力 ×（虽然主张明确）

　—印象深刻 ×（因恶劣的原因而留下印象）

　—符合目的的结构、风格 ×（大问题）

　—文章易读、读起来无压力 △

从这样的观点进行修改，修改例文如下。

例文一：修改后

件名：【重要活动（提醒）】拜托各位赐教顾客开拓网站制作建议

×××部门的各位。

之前拜托大家的事情，到现在，大多数人都还没给我回复 T_T。

请大家百忙之中，一定要回复我啊。

前几天的会议上也说过了，首先请思考一下，关于"业务担当在有效地开发新业务的时候，本质上需要什么"，这是一个可以让大家的认识统一起来的机会。

说到底，门户网站也是一种方法，想用它来做什么很重要。如果没有达成这一共识，可能有人会觉得在这里汇集信息和智慧是多余的事情。结果，虽然形式上已经完成了，但无法汇集信息、没有更新、不能使用、没人使用。

制作门户网站时，特别是信息收集和对这些智慧的加工（信息的价值判断、附加意思、一般化、分类、索引等）部分，无论如何也需要众人的力量。

所以，首先需要明确的是需求度和难易度。这次，我准备在得到大家建议的基础上，和部长商量一下，要加上需求度和难易度的重要性。这是非常重要的工作，没有大家的帮忙真是寸步难行。

在这样的基础上，我想尽可能有张有弛地实现效率化、省力化。

这次建立的门户网站，对提高我们的生产率、竞争力非常重要。短期看可能有些增加负担，但长期来看应该会反过来减轻我们的负担。

希望大家能理解这些事情，多多帮忙。特别是团队领导们，如果能率先给出建议真是荣幸之至。

关于截止日期，我知道大家都很忙，但简单的建议也可以，所以烦请大家在明后天给出建议。

另外，已经收到的回复中，ML 号 1111 的 B 的邮件和 ML 号的 1122C 的邮件简洁易懂，可以给大家参考一下。有"不知道怎么写"困扰的人请一定参考一下。

根据情况，我会跟部长商量，可能会再推进一次，希望不会出现这种情况。拜托各位了。

如果这样写，很少会有人在阅读后受到伤害，目的也得以实现了。具体的修改内容如下。

• 包括标题和开头部分，整体上都可以唤起行为的必要性。特别是认真说明现在这一行为是否必要的同时，强调这一行为和大家得到的好处相关联。

• 考虑到读者，并大幅度改变了文章的风格。

• 具体地介绍了容易采取的行动。

从字数上看比原文章稍长，但在电脑屏幕上2次滚动就能读完，所以通常都在允许范围内（但是，需要根据情况进一步删减文章）。

而且，修改后的文章中，使用了表情文字（这次的例子中是 T_T ），可能会有人感到不合适。商务文章中是否允许使用表情文字，由公司文化以及和对方的亲密程度来决定，但在允许的情况下，使用不让人感到啰唆的表情文字也没有问题。

状况设定二

咨询公司以企业客户为收件人、定期发送的宣传册的一部分。

例文二：原文章

组织和人的管理

首先，介绍2个内容。

家电制造商 C 公司是无人不知的日本的少数制造商。曾经生产过技术先进的新产品，并以批量生产而为人所知。大批量生产的商品有"XXX"和"YYY"等系列。这些也成为日本生产史上辉煌的金字塔。

但是，近几年基本上没有大批量的产品，业绩上涨也遇到了困难。

说到原因，研发人员和销售人员的关系恶化也是其中之一。本来各个部门的工作方式就存在很大差异。

研发部门主要着眼于开发技术优秀的创新产品。另一方面，销售部门要将力量用于在成熟的渠道上销售实际能提高销售额的批量产品，其背后有严酷的竞争环境。两者犹如水和油一样没有交集。

同样，能源商社 D 公司也在为收益力下降而苦恼。D 公司虽不像综合商社那样有名，但在行业中也是无人不知的著名企业，在行业中的地位并不低。即便如此，收益也正在下降。该公司曾请咨询团队帮过忙，但并没有得到良好的服务。从此，开始厌烦咨询公司，但这次还是想得到客观的专家建议，所以大约10年之后的今天，再次请咨询公司进行调整，收到的结论是——员工的人均生产率明显下降。于是，为了解决这一问题，引入了高端的 IT 系统、重新做了业务流程等，但收益并未改善。

在我们公司的5楼，有一个部门被公司员工称为退休金生活者的房间，有一种说法是如果这些疲惫的普通员工能消失，生产率就能一下子得到提升。

这个5楼的部门，现在还在使用不需要的燃料，多数都是接近退休年龄的高收入者。不怎么工作的他们，据说白天只读书看报即可。他们的态度是年轻的时候拿着低廉的工资工作，所以上年纪后理所当然地要享受清闲。

这些例子中，人和组织双方都存在问题。如果人和组织不发挥作用，企业在竞争中就无法取得胜利。难道不应该让更多人理解组织和人的管理吗？

不用心写标题也没有任何前缀，目的和意图暧昧不清，洋洋洒洒地让人读了2个案例，可以说这是典型的让人无心读到最后的文章。案例也有些冗长，有很多可以删减的地方，比如，前一案例中"大批量生产的'XXX'和'YYY'等产品系列。这些也成为日本生产史上辉煌的金字塔"部分，后一个案例中"厌烦咨询公司"的内容等，本质上都是不需要的信息。

真正想要表达的是最后3行，但这一部分过于轻描淡写。两个案例的都可以说是冗长，和原本想表达的内容之间明显地缺少平衡。两个案例中都没有解说部分，令读者感觉不够亲切。大家期待着刊登这篇文章的定期发送的宣传册能发挥咨询公司营业工具的作用，但读者看到这个可能会想"这家咨询公司能行吗？"而起到反作用。

整体评价：

• 符合目的 ×

• 理解读者 ×

• 有人读 ×（大问题）

• 内容充实

—主张明确具有说服力 ×（大问题）

—留下印象 ×（大问题）

—适合目的的结构、风格 ×（最大的问题）

—文章易读、读起来无压力 △

以这几点为标准修改后如下。

对人和团队管理的理解决定企业的业绩

围绕着在团队中工作的员工的问题和员工所属部门的问题对全公司都有重大影响。只要"人和团队"的问题不能得到良好管理，无论生产多么好的商品、无论员工多么胡乱地努力，都无法令企业获得成功。介绍两个典型的案例。

【案例1】

家电制造商 C 公司曾经生产过技术先进的新产品，并以批量生产而为人所知。但是，近几年基本上没有大批量的产品，业绩上涨也遇到了困难。员工会议上，研发人员和销售人员经常言语不合。

研发部门的员工说"必须好好销售"，销售部门的员工说"研发部门必须开发好卖的产品"。讨论常常在平行线上而无法达成一致。研发部门自古以来就主要着眼于开发技术优秀的创新产品。开发了优秀技术的人和开发出迄今为止没有出现过的新功能的人，会获得较高评价。

另一方面，销售部门要面对残酷的环境，个人的业绩评价也要严格。每个月发布销售业绩，不达标的人评价也会下降。业务员们自然要将力量用于在成熟的渠道上，销售实际能提高销售额的批量产品。对于不知道是否能销售掉、具有新功能的新产品等不花费太多精力。

【案例2】

为收益力下降而苦恼的能源商社 D 公司请咨询公司做了调查，分析结果是"员工的人均生产率明显下降"。于是，为了提高员工的生产率，引进了高端 IT 系统、优化业务流程等来改善效率。

但是，即便如此收益依然没有得到改善。

"要是没有5楼那些家伙，一下子就能提高生产率。"在引进 IT 系统和业务改革中感到疲惫的员工们嘀咕着这样的话。

本公司的5楼有一个部门被员工称为"退休金生活者的房间"。现在还在使用不需要的燃料，多数都是接近退休年龄的高收入者。据说不怎么工作的他们白天只读书看报即可。5楼的人说："年轻的时候拿着低廉的工资工作，所以上了年纪后理所当然地要享受清闲……"

两个都是人和团队的问题对全公司的问题产生影响的例子。

案例1的问题是"批量生产、顺利销售"，倾向于经营方面，各部门的评价制度不统一。想批量生产，但研发部门专注于生产"优秀技术"的产品，却没有看到市场需求。销售部门只关注销售额的数字，并不想去销售新产品。结果，员工们走向了没有经营目标的方向，而无法实现战略目标"用批量产品扩大销售额"。

案例2中，薪酬制度和企业文化可能会影响企业的整体业绩，因工作年限而获得高薪金的年长者越来越多，就容易产生这样的问题。实际上，年长者的薪资是否压迫到企业的收益另当别论，"有这样的人"这一事实可能会对企业文化和员工的动力产生强烈的负面影响。

在战略必需化的现在，竞争的主要目标渐渐地转移到实施战略的人和团队上。为了避免像这次介绍的2个案例中的情况，经营阵营不用多说，团队的所有人都需要具有对团队和人的管理的理解。可以说，这是时代潮流。

主要修改点如下。

• 想表达的内容直接写在标题中。

• 在开头的本论中写出想表达内容的精髓，在最后的段落中再次论述以强调论点。

• 为了唤起具体想象而书写产生共鸣的案例，为了不写得过长而大量删减掉无用的内容。

• 只写案例不够亲切，所以加上关于案例的解说，给人留下"这些是团队和人的问题"的印象。

状况设定三

某智囊研究员的博客文章。虽然是个人博客，但出现了公司名和个人名。博客的读者有时也会来咨询工作。

例文三：原文章

汉字鉴定考试热潮

最近的话题"汉字鉴定考试"的问题就是过于挣钱，但这个系统确实做得很好。具有：汉字读写近在身旁、不需要艰难的学习方法、级别的难易度很好设定等等优点。

恐怕在"经过这个鉴定考试，能达到自我满足、无法和真实生活的饭碗相联系"的意义上的舒畅正适合打开被鉴定人的边界。

想来，汉字鉴定考试的成功难道不能用于其他类别上吗？虽说被称作政府强制要求的温床等，但"鉴定考试"也是增加就业的常用手段之一。英语鉴定、TOEIC

和记账等都不必说，秘书鉴定、网管员考试、微软等也是如此。展示鉴定合格这一眼睛可见的标准，通过服务来获得收益，通过慢慢提升级别来达到教育效果。

特别是现在要求提高服务业的生产效率，非正规劳动者也有提高技能的丰富职业教育机会。受鉴定层越来越广、级别划分得越来越详细，要求的技术也增高，如果级别上升，就应该存在没有违和感的"鉴定考试的证据"。世上有更多这样的创意岂不是很好？

文章本身没有什么特别奇怪的地方，但可以说是一篇没有给读者留下强烈印象的文章。"哦，这样啊"发出一声感叹便结束了。

难得着眼点不错，所以下一番功夫就有可能给读者留下强烈印象、使一部分读者付诸行动（建立事业规划、付诸行动，或者为了商谈而来找作者）。

整体评价：

• 符合目的 △

• 理解读者 △

• 有人读 △

• 内容充实

　—主张明确具有说服力 △

　—留下印象 ×（最大问题）

　—适合目的的结构、风格 △

　—文章易读、读起来无压力 ○

重新修改如下。

提高服务业生产率的鉴定服务中存在商机

如果您昨天看了×××节目，就会知道技能人士接受"汉字鉴定考试"这一策划。这个"汉字鉴定考试"确实是一个良好的系统。汉字的读写近在身旁，不需要艰难的学习方法，且统一设定级别的难易度，有种种优点。

而且，汉字这一容易获取的课题非常适合扩大受鉴定人士的边界。企划中涉及的技能人士，听到结果后夸张地喜极而泣、懊悔地捶胸顿足，但到处都是一派生机勃勃的景象。

然而，汉字鉴定的成功是否可以用在其他地方？"鉴定考试"可以增加就业，是提高世间整体技能的良好手段。不必说TOEIC和记账等，秘书鉴定和网管员也是如此，调色员和蔬菜饮料总管也是如此。

特别是现在要求提高服务业的生产效率，非正规劳动者也有提高技能的丰富职业教育机会。想一下，在这个领域满足以下条件的"鉴定考试的证据"应该有很多。

• 受鉴定者层面广阔。
• 级别分得越详细越需要技能有深度。
• 级别上升，服务的证据没有违和感。

展示鉴定合格的标准可以通过服务获得收益，通过慢慢提升级别来达到教育效果，真是一石二鸟。

比如，"待客业鉴定考试"不是也能成为商业吗？首先，可以分为处理一般窗口业务的"普通待客"和酒店、百货商店的"优厚待客"。政府机关和医院也必须在窗口设立"普通待客3级",搬家行业以"我公司员工全部都在'普通待客标准1级'以上"为广告,这样岂不是很有趣?如果出现取得"优厚待客1级"合格证书的最年轻的超级女中学生,这样的新闻大概会非常愉快、非常励志。

这些只是单纯的想法,但如果当成商业模式来思考,应该会有很大的商机。我忽然想到,不是"戴明奖[1]",但如果设立一个加上自己名字的"×××奖",光是想想就很愉快了。

幸运的是,笔者在相关部门有很多熟人,所以如果您有有趣的想法尽管来聊聊吧。请有好想法的人一定联系我。

可能有人会感到喜欢或者厌恶,但和原文章相比,修改后留下的印象会更加强烈。文章中改变的地方有以下几点,这样的改动也大大改变了读者的印象。

- 用心改变标题。
- 开头引用电视节目的话题,吸引读者的注意。
- 让自己独特的想法更具体,而且用愉快的风格涌现出有血有肉的形象。
- 直接促进行动。
- 读过之后,读者会想"不能做点儿什么吗",这种风格令读者印象深刻。

---

[1] 戴明奖:日本授予在提高工业产品质量管理水平上建立功绩的个人或公司的奖,1951年创设,戴明是负责指导这项工作的美国统计学家。——译者注

主要发送经营信息的媒体一月一次、面向会员的电子邮件杂志的编辑后记。读者主要是30~40岁之间的普通商务人士。

例文四：原文章

有一个词是"dewanokami"。当然，这并不是管理古代的出羽国的职位。今后，鄙人想在日本推广这个词。具体来说，是想致力于把"在日本，现在正在发生这样的好事"这样的积极信息传达给全世界。另外，想在公司内部传播"在大阪分公司……""在之前的公司……"等好消息。

读到这里，很多人可能会想"dewanokami"到底是什么。这原本是指把"在美国这样""在波士顿那样""在纽约那样""……那么……"挂在嘴边上、在日本的集体中遭人嫌弃的那一类人。

听到这话，好像哪个公司都有很多这样的人。大约20年前，鄙人在波士顿留学一年，某日系大型企业的驻纽约人员曾经建议我最好不要总说"在美国"。

我感觉到"dewanokami"的必要性是因为我感觉到日本整体倾向都是"志向向内"。就算什么都不改变也可以，无论什么时代都可以。拒绝来自外部的谏言和评判也没关系——的确有些时代也可以这么做。但是，现在的日本在全球化进程中已经远远落后于世界了。

我们应该更多地听一听"在美国……""在中国……""在韩国……"曾经的日本会积极地从海外引进学到的东西，以将来自外部的评判当成自己变革的动力为骄傲。

说到私事我感到惭愧，结束了将近3年半的驻纽约工作回国之后，大约过了2个月的时间，鄙人还没有习惯上下班电车上人们的寂静无声。在满员的电车中不小心碰到了身体和包也不说话。上车的时候、下车的时候都会使劲地挤别人。踩到别人的鞋子时默默无语。大家都低头无语的场景，和车里空荡荡的时候一样寂静无声。

在纽约，撞到人的时候首先肯定会向对方说"excuse me"，轻轻碰了一下行李也会说"excuse me"，如果有人挡住了路也会对他说"excuse me"。虽然经常听说美国人不道歉，但这是遇到严肃问题时说的话，日常生活中经常会道歉。如果不说话，就会因为这点儿变成争吵。对不认识的人，也要好好道歉。

首先，作为一个从美国回来的人，我想向大家提供这些信息。

这篇例文并非没有表达出想说的内容，但也有节奏差的地方和一下子想不起来而难以理解的地方。另外，开头的句子虽然让人见到了用心加工的痕迹，最终却给人中途停止的空虚感。从整体来看缺少紧凑感，文章的素材本身不错，但让人感到惋惜，原因如下。

• "dewanokami"指什么，直觉好的人可能会懂，但只看刚开始的第1段一般并不能看明白，带着模模糊糊的感觉进入了第2段。

• 最后的结尾很弱。

• "说到私事……"段落之间的连续感不好，给人唐突感。

• 最后，不明白最想表达的是"dewanokami"的重要性，还是美国的社交礼仪。

• 作为以30~40岁的人为主要对象的文章的编辑后记，风格多少有些生硬。

• 结构不够凝练。

整体评价：

・符合目的 △

・理解读者 △

・有人读 △

・内容充实

　—主张明确，具有说服力 △

　—留下印象 △

　—符合目的的结构、风格 ×（最大的问题）

　—文章易读，读起来无压力 △‐○

以这些为基础，大胆地改变结构并且采用更为柔软的风格，加入具体的情景和事例，修改如下。

例文四：修改后

结束了将近3年半的驻纽约工作回国之后，大约过了2个月的时间，鄙人还没有习惯上下班电车上人们的寂静无声。

在满员的电车中不小心碰到了别人的身体和包也不说话。上车的时候默默无声地使劲挤别人。下车的时候，强行推开别人，踩到别人的鞋子时也不说话。全是人的电车里听不到一点声音，一个劲儿地忍耐……这些情景令人毛骨悚然。

在纽约，撞到人的时候首先肯定会向对方说"excuse me"，轻轻碰了一下行李也会说"excuse me"，如果有人挡住了路也会对他说"excuse me"。用日语说就是"ごめんなさい""すみません"（对不起）。

虽然经常听说美国人不道歉，但这是指在商业中决定胜负和诉讼等严肃的场合中，日常生活中美国人经常会道歉。如果撞到人却不说话，可能会因此而变成互殴、争吵。

写这些，在日本可能会被嫌弃。"美国和日本不一样""美国迷""这么喜欢美国的话就去美国吧"，可能会被这样评论。但是，在某种意义上，这也是确信犯[①]。

大约20年前，鄙人在波士顿留学一年，某日系大型企业的驻纽约人员曾经建议我最好不要总说"在美国"。

"回到日本后最好能注意自己的言行。虽然会不知不觉间说'在美国是这样''在波士顿是那样''在纽约是这样'等等，但会被日本的集体嫌弃。外国迷的样子令人讨厌，会被认为是个狂妄自大的家伙。在我们公司，这样的人背后被称为dewanokami。"

"啊，真是家迂腐的公司啊"，回国后和很多人说过，对方的反应令人意外，"dewanokami，知道吗""我们公司也有啊"意识到这是根植于日本企业的文化，我感到非常惊讶。

当时，我想着这样下去怎么可能实现全球化，果然，日本已经完全落后了。我深切地感到这是不改变就无所成就的时代，傲慢地拒绝来自外界的谏言和批判持续的时间太长了。

但是现在已经不是说这种话的时候了。我们经常听到年轻人的"志向向内"，但这不仅限于年轻人，我认为是整个日本的问题。曾经的日本会积极地从海外引进学到的东西，以将来自外部的评判当成自己变革的动力为骄傲。但现在却感觉不到向他人学习的谦虚、向他人取经的热情了。

---

① 确信犯：又名信仰犯，指基于道德、宗教、政治上的信念而坚信自己的行为正确的犯罪。——译者注

所以，现在我想告诉大家 dewanokami 这个词。"在美国……""在中国……""在韩国……""在印度……"有海外经验的人应该多多发言，应该明确地指出"日本的这个很奇怪"。

也可以不特意指出是国内还是国外。用"大阪分公司……""5楼……""以前的公司里……"等等来表达积极的、良好的信息。

我首先想说的就是："撞到人还保持沉默的日本文化怪怪的！在美国就必须要道歉！在纽约，大家都比日本人更有礼貌。"

而且，同时面向世界发送"在日本，现在正在发生这样的好事情"这样的积极信息，变成和 dewanokami 相反的样子。

dewanokami，万岁！

　　顺利地利用在美国的经验和过去的经验，希望多数读者能对论点产生共鸣。主要修改的地方如下。

　　·用正统的起承转合结构，让故事和最终的建议自然地进入读者的大脑。
　　·因为文章稍长，所以要重视速度和节奏。另外，将风格改得更柔和。
　　·最终清晰地写出想表达的内容。
　　·加入了笔者栩栩如生的经验，另外强烈地表达出人的品质和思想，下功夫留下令人喜欢的读后感。

特意说明一下，最后"dewanokami，万岁"的结尾是好是坏有不同的判断，可以说这样的"玩心"在某些媒体的允许范围之内。

专栏：和原本用法不同的被普通化的语言

例文四修改后的文章中出现了"确信犯"这个词，原本的意思是"基于宗教和政治的信念而进行的犯罪"，文中用于"虽然知道是不好的事情，但还是故意做了"的意思。辞典中并没有体现出第二个意思，但因为这是现代被普遍认知的用法，所以在这里也可以用于这个意思。

像这样和原本意思用法不同的被普遍化的语言越来越多。将这些用于商务写作中是好是坏可能需要具体情况具体分析，但如果读者中只有少数关注细微之处（例如对词汇敏感的专家或老年人），就不必这样绷紧神经了。这是笔者持有的态度。

另一方面，"好心有好报""大材小用""怀才不遇"等的误用也越来越多，希望大家正确地使用原来的意思。

语言也是不断变化的，在哪里划线并不容易确定，但可以在读者和各种状况的基础上来做出决定。希望大家能经常意识到这些基本情况。

状况设定五

业务员用电子邮件回复客户发来"希望调查一下"的术语和概念。

件名：关于客户前天咨询的 LTV（生命周期总价值）

LTV 是指顾客关系到未来能给企业带来利益的现在价值，是 life time value 的缩略语，中文称为客户终身价值。

想获得新客户的时候，往往总会将现在具有购买力的客户作为目标。但是，这样的客户是各公司业务员争抢的目标，营业成本高，实际上多数结果会是盈利较少。

有些行业可能有所不同，但一般来说，并非完成销售即结束。售后服务、交互宣传销售、节目需要，会有可深入合作的余地。所以，在交易的整个期间这一顾客能带来什么价值，我们需要从这样的观点出发来寻找目标客户。

这时就可以灵活应用 LTV。关于客户本人，要预测每年的销售额和费用来谋求利润，将其返还到现在价值中。最普通的计算方式请阅览附件的资料。

顺便说一下，从 LTV 中扣除的新用户获得成本被称为顾客资产。

如果追求这一数值，就要重新考虑在不挣钱的客户身上花费多少时间和成本，相比维护客户应该更关注开拓客户。或者需要具有独特的智慧，来积累虽然现在购买力不足，但随着客户年龄的增长也会变成优良客户的年轻人群。

虽然很可惜，但即使是具有先进形象的欧美商业，在确定特色销售法和营销组合时，很多都会强调获取当下的优良客户，即静态的市场战略思考方式依然是基础。

但是，想到和客户的交往不是一时就能结束的实际商业形态，商业和教育更应该引入 LTV 这样的强有力的市场概念。当然，我认为贵公司也应该积极地引入这一概念。

单是这篇文章，用来说明 LTV 的概念已经足够，在实际的商务场景中，并没有面对面说"难以理解"来抱怨的情况。现在的完整度并不低，但是细看的话，有一些零散微妙的地方稍加修改表达会更好。比如以下几点。

• 第3段的"售后服务、交互宣传销售法、节目需要，会有可深入合作的余地"是用句子结尾。

• "随着客户年龄的增长也会变成优良客户的年轻人群"只限定了个人客户，另外，表达有些文言味道。

• "虽然很可惜，但即使是具有先进形象的欧美商业……"这一段，给人的印象是过于寄托个人感情。

• 最后的结尾使用了"当然"这样的词，给人以强迫的感觉。

整体评价：

• 符合目的 △ - ○

• 理解读者 △ - ○

• 有人读 ○

• 内容充实

　—主张明确，具有说服力 △ - ○

　—留下印象 △

　—适合目的的结构、风格 △ - ○

—文章易读，读起来无压力 △

即使是看上去完整度高的文章，也可以更进一步地修改。

例文五：修改后

件名：关于客户前天咨询的 LTV

前天发来的 LTV 一事，做了简单的调查，首先报告如下。

LTV 是指顾客关系到未来能给企业带来利益的现在价值，是 life time value 的缩略语，翻译为客户终身价值。

想获得新客户的时候，往往总会将现在具有购买力的客户作为目标。但是，这样的客户自然也是其他公司的目标，所以因竞争而产生了额外成本。结果，很多在竞争成功后获得的利益无法达到预期。

客户更换激烈的部分行业（日用品和饮料等）可能有所不同，但一般来说，和顾客的关系并非"卖完就结束"。售后服务、交互宣传销售（向已有客户销售其他产品）、节目需要，会有可深入合作的余地。所以，从"在交易的整个期间这一顾客能给我们公司带来什么价值"这一观点来看，保持良好的关系非常重要。

这时可以灵活应用的概念就是 LTV。关于各个客户，要预测每年的销售额和费用来谋求利润，将其返还到现在价值中。最普通的计算方式请阅览附件的资料。

顺便说一下，从 LTV 中扣除的新用户获得成本被称为顾客资产。

通过计算每个客户的这些价值，可以区分出能给公司带来利益的客户和无法带来利益的客户，就可以判断出哪些客户应该花费多少成本。另外，也可以比较维护客户和开发客户的成本。结果可能会浮现出"找到即使现在购买力小但将来可能会成为优良客户的群体"这样的想法。

无论在什么时代，开发新客户是市场上永恒的课题，但像现在这样消费者需求变化迅速的时代，对不特定的未来客户做出市场投资往往会效率低下。因此，越来越多的企业会采用一对一营销和数据营销等，将维护顾客作为营销工作的重点。这些研究的根本思考方式就是 LTV，这自然也可以说对从事 ××× 产品的公司来说是重要的思考方式。

修改了上述要点，并尝试了以下修改。

• 用括号解释了感觉需要补充的词语，用引号把想强调的地方标出来。
• 最后一段，为了更突出 LTV 的重要性，详细地写出了当今的营销潮流。另外，采用了不会给人强迫感的风格。

例文五可以说这是一个稍微复制粘贴就能变成更好的文章的例子。

那么，读过修改前后的例文五感觉如何？如果能做到这一步，无论到哪里都能写好文章。当然，因为商务人士的时间有限，一味地花费时间在写作上也没有意义。但是，在时间的限制下，能否尽可能努力地写出有效的文章，从长远的眼光来看，对个人也好对集体也好都会带来巨大的差异。在商务上，越是重要的文章越要具有这样的意识。

写在某些场合有效的文章

接下来的课题案例是被给予某个主题的时候如何写出符合目的的有效文章。这里，介绍一下笔者在公司内部的研讨会上对课堂讨论和其回复例文的改编。

状况设定

某经营者（A氏）收到了著名书评网站的邀约，介绍一下最近阅读的书籍中比较有感触的内容。A氏想介绍B商学院的学长C氏所著的近期就要出版的《出发！理想的领导者》。

于是，下属D就收到了"能不能写1000字左右的原稿给我"的委托。另外，这个网站以普通的商务人士为对象。

请站在D的角度，实际写一篇文章。

（B商学院是寺子屋①风格，从十几名学生开始，经过十几年的发展而成为法人，成了国内屈指可数的商学院。这本书中，学长C用自己的语言写出了其建学精神和教育理念，以及连续出现的"理想的领导者"人才形象。）

来看一下关于这个课题的例文。另外，因为这个课堂讨论原并不用于文章校正，所以已重新修改明显的错别字和标记错误。书评的主观性

---

① 寺子屋：江户时代为庶民开设的初等教育机构，由武士、僧侣、医生和神职人员等任教师，教授写、读、珠算等。——译者注

和自由度高，难写得出乎意料，但希望大家能从"如何将自己的思考和感情传达给读者更有效果"这一观点来阅读。

例文一

> B商学院是在××年诞生的商业学校，有的人听到MBA就立刻来到这里。B商学院创设者是学长C，在海外的商学院留学的2年时间里，他便构想出了现在的大学院，回国后便以此为目标，设立了大学院的前身B公司。之后，将经营技巧事业做成大学院的形式，便出现了B商学院，也就是说，这是创业者创建的商业学校。
>
> "公司创立时，没有资金。有的只是在商学院培养的头脑、人脉。而且，还有想让社会变得更好的志向"，学长C氏说道："相比自己的经验，为了成事，需要技能、人脉、志向三点。"反过来说，只有具备了这三点才能完成让社会变得更好的事业。而且，决心创设一个能获得这三个要素的地方便成了创立现在这所大学院的背景。
>
> C氏所著《起立！理想的领导者们》一书中，以自己的体验为基础，论述了肩负社会责任的人才应具备的3要素，以及应该如何开发这些要素。
>
> 本书剖析了从零开创了大学院的创业家的思想，令人兴趣深厚。

作为表达书籍最低限内容的文章，或许这样写就足够了。但是，这次的书评不是匿名的编辑部员工介绍的内容，而是特意向A氏这一经营者约稿而来，当然是加上了执笔者A氏署名的书评。

这意味着什么？意味着单单介绍书籍内容是不够的，要同时表达出经营者A氏的思想和品格。如果从这个观点来看，可以说例文一符合这样的目的。

特意这样设定例文，目的是重新让大家意识到容易产生错觉的"目的"的重要性。因为是书评，让读者感觉"想买来试试"自然是最重要的。从这一意义来看，最后的2个段落稍微缺少具体性这一点可以说是美中不足。

整体评价：

· 符合目的　×

· 理解读者　×

· 有人读　△

· 内容充实

　　—主张明确，具有说服力　△

　　—留下印象　×

　　—适合目的的结构、风格　×

　　—文章易读，读起来无压力　○

例文二

大家难道没有为"作为社会人虽然日常工作顺利却一成不变""工作虽不是兴趣的中心但想通过工作实现自我"以及今后的经历和成长而苦恼吗？

另外，面对人生和日常工作中发生的问题时，要抓住危机和机会从正面发起挑战。

本书是"想再前进一步的人""不懈努力也要达成目标的人"必备的一本书。

作者 C 氏在30岁的时候，创立了 B 商学院的原形 B 公司。

他有的仅仅是注册资本几十万日元、"培养在激荡时代里拥有打破日本闭塞感的领导人才"这样的强烈思想、迄今为止的人生，以及（自己的经验兑换成机会）在美国商学院学得的知识和朋友、家人。创立之时，是完完全全的"风险企业"。

无论是资金调配还是和企业利害关系人建立联系，因为是风险企业便常常会面临眼前的各种问题。然而，汇集了众多同感的结果便是经过十几年的发展，××××年，B公司成长为日本最大规模的商业技术学校——B商学院。

作者说"理想的领导者＝优秀的领导者"需要的是"技能""志向""人际网"。说得再具体些，技能是指经营学的素养、思考力、表达力。志向指自觉、使命、信念。人际网指人本身的力量、对方的满足、感化力。怎么样？从这些内容中看到了自己和"理想的领导"之间的差距了吗？看到自身拥有的优秀要素和不足的地方了吗？

如果知道自己的不足，就可以加以强化。通过本书，"想认真生活的商务人士"会获得思考人生的机会以及最好的勇气。

    例文二，从表达A的品格这一意义来看，尚有薄弱的地方，但表达出了"读这本书希望大家学到这些内容"。文章开头提出问题的格式和更进一步解释"技能""志向""人际网"的内容，更具体地针对着潜在读者。

    这次是书评文章，所以这样的倾向特别强，然而写某种文章的时候，引起读者关心、加入容易引发同感的关键词和句子会具有明显效果。比如，对于部分读者来说，"技能是指经营学的素养、思考力、表达力"等句子更容易留下深刻印象。

整体评价：

• 符合目的 ×-△

• 理解读者 △

• 内容充实

　—主张明确，具有说服力 △

　—留下印象 △

　—适合目的的结构、风格 △

　—文章易读、读起来无压力 ○

例文三

语言的定义和固定思考

对"教育"这件事持反对意见的人不在少数，而在我们公司，教育被看作最重要的政策。现实是什么样子？有的教育令人感到满足，另一方面也存在因一时流行而实施的教育，也有接受了教育却对其本人来说没有成长感的教育。将这些缠绕在一起的各种教育抽丝剥茧，如果不给予教育原本的定义就难以说清楚教育的好坏。

作者 C 氏曾在海外的商学院留学，在那里产生了在日本创立这样的教育机关的决心，要开创技能事业，××××年终于创立了可以颁发经营硕士学位的商学院。这本书中表达了创办"理想的领导者"辈出的教育机关的 C 氏的思想。

我特别希望正处于苦恼中的中层管理人员阅读本书。这是因为与其说这本书是对商学院的说明，倒不如说是色彩浓厚地阐述了 C 氏的思想、生存方式。比如，"志向"一词。如果有人问你的志向是什么，大概能给出回答吧。在说出自己志向之前，必须了解志向的定义。作者用"伟大的""给很多人以感动""提前决定要做的事情"这三个词来定义志向。

怎么样？我自己也特别强烈地意识到最后一点"提前决定要做的事情"。作者认为，梦想和志向的差别就在这一部分。

除此之外，不仅论述了人际关系能力、世界观等作者的思想，并且认真地解释了语言原本的定义。很多书籍都只论述传统定义，但还从没见过像这样具有明确且接受度很高的定义的书籍。

从这个意义来说，我向中层管理人员推荐这本书。在看不到未来的时代里，思考自己想做的事情之前，需要拥有牢固的思考框架（定义）。

最后，介绍一下我最有同感的一句话："信念是什么？志向坚固了就会到达信念。信念是智慧的极致。不断地思考，自己本身达到了'能够完成'的程度、思想得到升华的时候，就变成了信念。"

我自身也想一直持有信念。

可以说这个例文在一定程度上表达了 A 的思想和品格，像在和中层管理者说话一样的写作方法给人的印象也不错。

另外，内容方面过于偏向"志向"这一侧面，原封不动地引用了 A 印象最深的内容，并作为对读者有价值的内容介绍给大家。这样做可以说可能会失去对商务技能等方面最有兴趣的读者。

但是，这也未必是坏事。因为把整体内容全部介绍出来，就会因焦点模糊而变成松散的文章。在字数有限的情况下，引用的同时将自己最有同感的重点介绍给大家是一种可行的方法论。

整体评价：

• 符合目的 △

• 理解读者 △ - ○

• 有人读 △

• 内容充实

　—主张明确，有说服力 △ - ○

　—留下印象 △ - ○

　—适合目的的结构、风格 △

　—文章易读，读起来无压力 ○

例文四

"虽说把创业当使命，但说到底创业本身只是手段。目的是创造新公司的推动力……这里培养的学生肩负着今后日本的发展，这是我的目标。"

看到这样的内容，读者会怎么想？

我看到这一节的时候，拍着膝盖喊道"英雄所见略同！"。虽说作者 C 氏的教育商业和我从事的行业不同，但通过商业将社会带往积极的方向这一思想是共通的。这里有和我具有相同思想的伙伴，真是令人开心。

您可能认识很多人，但著名的 C 氏创立了 B 公司，是在日本普及经营者教育的核心人物。日本的经营者教育在 B 公司创立前后发生了翻天覆地的变化。

这本书讲述了 C 氏从事经营教育事业的经验，以及 C 氏本身接受的教育培养出来的"成为商业领导的启示"。

再通过以下3点来更具体地说明一下"启示":

（1）能够理解商业领导的必要条件。
（2）能够想象出成为商业领导的过程。
（3）被 C 氏的热切思想所感化，为读者带来新的能量。

很遗憾，在现在的日本，从有"作为领导想改变社会"这一想法的人中无法得到有利的启示。无论哪里，都无法找到这样的榜样。加上经济的闭塞状况，枪打出头鸟的氛围不断扩大。

但是通过这本书，C 氏传播了和我一样的思想，一定能培养出领导人物。这本书让我感到了这种可能性。

其中，C 氏讲述的内容可能会让人感觉到只按对自己有利的情形进行说明的倾向。这也是没办法，因为 C 氏讲述的内容全部根植于自身的经验，却没有学术式研究和调查证据。然而，只有实际操作过商业的人才能传达出这种程度的感染力。我也被这一热情感化了。

在年末年初，很多人会回顾自己的过往、制定新目标。在此之前，请一定阅读这本书。而且，希望大家考虑一下自己要如何改变当今社会。我会不断努力，希望通过介绍这本书能增加一个以成为领导为志向的人。

来看看这个保持整体平衡的书评吧，其中也表达了 A 氏的思想和品格，大概会有很多读者对书籍本身感兴趣吧。

让人感觉到写作者用心的地方是，并没有直接地引用内容进行解说，而是通过阅读书籍分条说明能得到什么效果。说到介绍书籍，往往会按照目录来介绍，但从效果方面来解说会表达出"真正认真阅读内容并理解了内容"的效果。

　　另一个让人感觉到写作者用心的地方是"自己（这种情况下指 A 氏）"和书籍的关联方式（连接点的制造方法）自然而有效。因为 A 氏是经营者，所以用"经营"和"领导的存在方式"等作为连接点来书写文章，更具有说服力，也更容易表达出自己的品格。

　　整体评价：

・符合目的　○

・理解读者　○

・有人读　△ - ○

・内容充实

　　—主张明确，有说服力　○

　　—留下印象　○

　　—适合目的的结构、风格　○

　　—文章易读，读起来无压力　○

C 氏说：

"理想的领导者"们，

开拓能力、设立志向以及磨炼人格魅力吧。

毕业后，在现场进行创造和改革的时候，

不要忘记智慧、精神的高度。

而且，希望大家能享受历练、享受自我成长，为社会做出贡献。

这些话也是我自己想对所有员工说的话。

每天都在勤奋工作中陶醉于自身的精神和能力的员工，我希望他们都能蜕变成为社会带来巨大新价值的商务领导者。希望他们绝不是每天单纯地重复工作、忙碌于挣够填饱肚子的粮食，绝不是任由自己的名誉欲望和金钱欲望随意膨胀，而是要思考为谁为某事做出贡献。不需要壮大，但要找到某人的高洁志向、带着勇气、甚至可以一边享受挫折一边向前进。干脆把公司当成一个能达成这种志向的装置，最好能具有彻底利用公司的霸气和气概。

这么想可能是因为我本身认为"说到底创业只是手段，创造新的社会推动力才是目的"（本书的 ×× 页），迄今为止我也一直都在这么做。

单单有热烈的心，单单有冷静的头脑，都无法描绘推动商业前进的蓝图。即使有完美的海航图，如果没有真正推动的人，船也无法前进。我完美地感觉到了"以展示了'志向'这一方向性的内容为基础，将'技能提升'的头脑为武器，推动'人际网'，产生无限大的可能"（同 ×× 页）这一定义。真实地、简单地、完美地猜中了经营的真理。

现在正处于百年不遇的经济不景气时期，毋庸置疑的是打破壁垒可以通过商业创造价值。但愿，包括我公司的员工们在内，一人或者多位商务人士能接触到这本书，释放超级魅力达到引导他人的舍己利人的志向，成为能实践这些志向的"领导者"。

这次的文章无论是从写作目的来看还是从文章的精炼程度来看，都可以说是一篇优秀的文章。

引用的方法巧妙（引用也是将自己的思考方式说给第三者的便利方法）、中间的"每天都在勤奋工作中陶醉于自身的精神和能力……"等段落实际上会让读者陷入 C 氏正在说话的错觉中。

倒数第二段不是说明语调，而是巧妙地使用了令人想起内容的说明方法。整体的读后感良好，想读本书的读者难道会少吗？

特别说一下，最后一段作为书评有些刻板，但基本上不用担心。

整体评价：

• 符合目的　○

• 理解读者　○

• 有人读　○

• 内容充实

　—主张明确，有说服力　○

　—留下印象　○

　—适合目的的结构、风格　○

　—文章易读，读起来无压力　○

到此为止，我们读了五篇文章，虽是同一个主题，但我们明白表达的内容和表达的程度、令读者产生同感的程度、引起的行动积极性都有巨大差别。这一差别也可以说是商务写作中文章力的差别，也反映了第5章讲述的内容以及第6章讲述的心理准备的差别。

很多人都想写出更好的商务文章，并且强烈地想发起挑战。这不仅和通过写作提高生产率有关，也应该是作为理解"理"和"情"的商务领导成长的第一步（图表7-1）。

图表 7-1 商务领导的必要条件

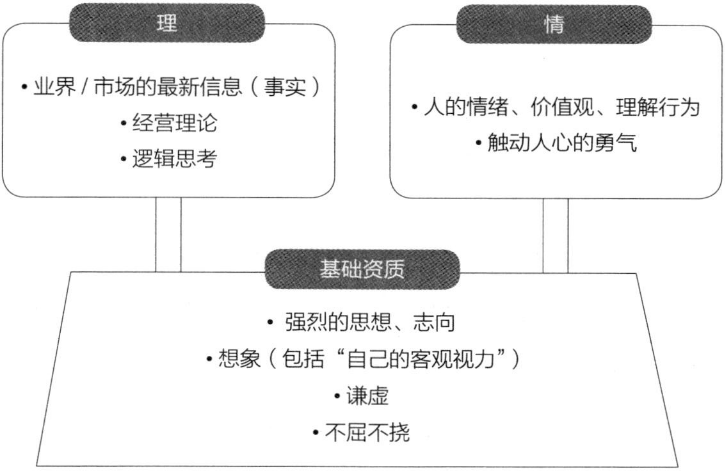

后 记

    有人说："经营管理是一个大怪物！"也有人说："经营管理既是科学也是艺术！"对此我深有感触。因为每一个经营决策都需要兼顾众多要素（内外环境，投效比，人和事，情和理，长短期连锁反应），而每一个要素又都变化多端。经营决策中没有什么万能的工具可以让我们"按几个输入键，就可以自动推导出结论"，更没有什么正确答案可以抄袭。所以企业经营管理这件事就变得万分艰难，初创公司会九死一生，百年企业则成为稀缺品。如何让自己的决策经得住时间和空间的考验，如何在未知和复杂中给"赌博式"的决断增加一些确信？立志成为优秀企业家、管理者的人该如何学习和提升，让自己的经营决策变得越来越科学，越来越艺术呢？顾彼思商学院给出了两个建议：一个是"大道至简"，一个是"抽象和具体"。

"大道至简"说的是，尽管相对于其他科学和艺术，经营管理复杂了太多，但是无论多复杂的事物都有其最关键的核心本质的元素。比如说3C的这个框架结构告诫我们要根据客户需求、竞争对手、本公司的状况来选择本公司的战场和战术，这些元素在任何行业都应该不会有太大差异，把这些元素结构化出来，就让我们找到了判断决策的重点，避免了因为思虑不周而做出的错误决定（道理很简单，但是做起来却万分艰难，事实证明太多的企业都是因为忘记客户需求，漠视竞争对手的变化而被淘汰出局）。所以管理学专家们倾力将一些原理原则整理成便于记忆的关键字（比如3C），让我们抓住重点，来提升决策的效率。2016年出版的MBA轻松读系列就是这一理念下的智慧结晶。这套书也可以说是"至简MBA"，从思考，战略，营销，组织，会计，投资几个角度，把经营决策的重点元素进行了拆分梳理，用最简单质朴的原理原则把管理的科学和艺术变成可以学习的有规律的结构。这套书一上市就得到了众多读者的好评，也一直在管理学书籍排行榜中名列前茅。

　　但是，如前所述，经营管理这件事本没有那么简单。行业不同，游戏规则也会有所不同。环境不同，也会让同样决策的结果生出众多变化。要让经营决策这个科学艺术不是偶然的成功，而是可以复制的必然，还需要因地制宜地将这些简化了的工具还原到具体的复杂情境中。所以第二个建议就是"抽象和具体"。通过还原到具体的情境，来具体地理解这些概念工具的背景、适用条件和一些注意事项，才能确保我们正确地用这些工具。说白了，管理能力的提升本没捷径，需要大量试错成本，但是聪明的管理者会努力站在巨人的肩膀上，汲取前人的教训，少走弯路，这就是捷径了。所以 MBA 轻松读：第二辑的重要使命就是要进一步扩充上一个系列的范围和深度，给出更多的商务应用情景去进一步提升知识到能力的转换率。这次的轻松读系列我们聚焦在如何创造新业务的具体情景中，选择了几个重点话题，包括如何设计新业务的盈利模式（《事业开发》），如何用具有魅力的商业计划书来获取资源（《商务计划》），也包括如何驱动众多的人来参与大业（《博弈论》《批判性思维·交流篇》《商务文案写作》），还包括作为领导者的自我修炼（《领导力》）。是经营管理必备的知识、智慧、志向这三个领域的综合体。每一本书都包含众多实际的商务案例供我们思考和练习，我们通过这些具体情境进行模拟实践、降低实际决策中的试错成本，让抽象的理论更高效地转化为具体的决断力。

所以，经营管理能力的提升，是综合能力的提升，这个过程不可能轻松。出版这套书籍的最大的愿景是企业家和管理者们能在未知和复杂的情境中，关注本质和重点，举一反三。企业家和管理者的每一个决策都会动用众多的资源，希望看这套书籍的未来的企业家们，在使用人力物力财力这些资源之前，能通过缜密深度的思考来进行综合判断，用

"知""智"和"志"做出最佳决策，来最大限度地发挥资源的效果，让企业在不断变动的环境中持续发展，为社会、为自己创造出更大的价值。

用MBA轻松读，打造卓越的决策脑，这个过程不轻松，我们一起化繁为简，举一反三！

顾彼思（中国）有限公司董事长

赵丽华

附录：商务常用缩略词表

缩写	展开	中文
3C	Company Competitor Customer	企业、竞争、市场
4P	Product Price Place Promotion	产品、价格、宣传、流通
5W1H	What Why Where When Who How	六何分析法
API	Application Programming Interface	应用程序接口
APV	Adjusted Present Value	调整后净现值法
BATNA	Best Alternative To Negotiated Agreement	最佳替代方案
BTO	Build To Order	接单生产
CAPM	Capital Asset Pricing Model	资本资产定价模型
CCL	Center for Creative Leadership	创意领导力中心
CEO	Chief Executive Officer	首席执行官
CFO	Chief Financial Officer	首席财务官
CMO	Chief Marketing Officer	首席市场官
COO	Chief Operating Officer	首席运营官
CSR	Corporate Social Responsibility	企业社会责任
CTO	Chief Technology Officer	首席技术官
DMU	Decision Making Units	决策单元
EBIT	Earnings Before Interest and Tax	息税前利润
EMS	Electronic Manufacturing Services	电子制造服务
ERP	Enterprise Resource Planning	企业资源计划
FAQ	Frequently Asked Question	经常被提出的问题
FC	Franchise Chain	特许加盟
FCF	Free Cash Flow	自由现金流
HRM	Human Resource Management	人力资源管理
HRO	High Reliable Organization	高可靠性组织
IMC	Integrated Marketing Communication	整合营销传播
IPO	Initial Public Offerings	首次公开募股
IRR	Internal Rate of Return	内部收益率法
KBF	Key Buying Factors	关键购买因素
KISS	Keep It Simple and Stupid	保持简单和愚蠢

KPI	Key Performance Indicator	关键绩效指标
KSF	Key Successful Factors	成功的关键
LBDQ	Leader Behavior Description Questionnaire	领导行动描述问卷
LED	Light Emitting Diode	发光二极管
LTV	Life Time Value	生命周期总价值（客户终生价值）
M&A	Merger& Acquisition	并购
MBO	Management By Objective	目标管理
MBO	Management Buy-Outs	管理层收购
MBTI	Myers Briggs Type Indicator	人格理论
MECE	Mutually Exclusive Collectively Exhaustive	相互独立，完全穷尽
MOT	Management Of Technology	科技管理
NGO	Non-Governmental Organization	非政府组织
NPO	Non-Profit Organization	非营利组织
NPV	Net Present Value	净现值
ODM	Original Design Manufacturing	原创设计制造商
Off-JT	Off the Job Training	职业外培训
OJT	On the Job Training	职场内培训
P2P	Peer to Peer	点对点
PDCA	Plan Do Check Act	戴明循环
POS	要点 Of Sales	销售点终端
PR	Public Relations	公共关系
PTSD	Post Traumatic Stress Disorder	创伤后应激障碍
ROA	Return On Asset	总资产收益率
ROE	Return On Equity	股东资本收益率
ROI	Return On Investment	投资收益率
SEO	Search Engine Optimization	搜索引擎优化
SMART	Specific Measurable Attainable Relevant Time-based	明确、衡量、可实现、相关、时限
SNS	Social Networking Services	社会性网络服务
SRI	Socially Responsible Investment	社会责任投资
VC	Venture Capital investment	风险投资
WACC	Weighted Average Cost of Capital	加权平均资本成本
ZOPA	Zone Of Possible Agreement	协议空间

作者简介

日本顾彼思商学院（GLOBIS）

顾彼思自1992年成立以来，一直以"构建人力、财力和智力的商务基础设施，支持社会创新和变革"为发展目标，推进各种事业的发展。顾彼思商学院作为日本最大的一所商学院，提供全英语教学的全日制工商管理硕士课，全英语、日语教学的在职工商管理硕士课，以及企业高层经理培训课程。如今，在日本众多的商学院中，顾彼思以高水准的课程设计、具有丰富商务实践经验的教师团队，以及高质量的服务水平，赢得社会广泛认可。

［日］ 嶋田毅

顾彼思出版局长兼编辑长，顾彼思商学院教授。东京大学研究生毕业后，进入战略系管理顾问企业就职，后来又进入外资系理化学仪器生产商工作，最后入职顾彼思，主要负责出版工作，著有《逻辑思维》《管理会计》等。

译者简介

代芳芳

毕业于济南大学日语系经济日语专业，长期从事图书翻译工作。曾翻译《像雀巢一样赚钱：雀巢的盈利架构》《老板，别把企业做得太大》等图书，受到广大读者的欢迎。

想 象 之 外 品 质 文 字

MBA 轻松读：第二辑

商务文案写作

产品策划 ｜ 领读文化　　　　　　责任编辑 ｜ 张彦翔

文字编辑 ｜ 陈乐平　　　　　　营销编辑 ｜ 孙 秒　 魏 洋

封面设计 ｜ 刘 俊　　　　　　　排版设计 ｜ 张珍珍

发行统筹 ｜ 李 悦

更多品质好书关注：

官方微博 @领读文化　官方微信 ｜ 领读文化